Heike Kügler-Anger

Gelateria vegana

Heike Kügler-Anger

Gelateria vegana

Vegane Eisspezialitäten hausgemacht

illustriert von Karin Bauer

Inhalt

Auf ins eiskalte Vergnügen!

Wenn Sie, liebe Leserinnen und liebe Leser, jetzt dieses Buch in den Händen halten, haben wir mindestens eine Sache gemeinsam: Sie und ich, wir lieben Eis! Diese herrlich cremige Köstlichkeit, die sich in mindestens 1001 Geschmacksvariationen erfrischend kühl und dennoch schmelzend auf die Zunge legt und die selbst bei Regen für gute Laune sorgt. Die sowohl als Dessert als auch als kleine süße Hauptspeise und auch zwischendurch schmeckt. Und das nicht nur in den heißen Sommermonaten. Denn richtig gutes Eis geht eigentlich immer, nicht wahr? Vor allem, wenn das Eis aus naturbelassenen und rein pflanzlichen Zutaten zubereitet wurde. Veganes Eis macht den Eisgenuss perfekt!

Köstlich kühle Kindheitserinnerungen

Einige meiner schönsten Kindheitserinnerungen sind mit der frostigen Köstlichkeit verbunden. Als ich noch zur Grundschule ging, gab es in unserer Familie ein festes Ritual. Zum Ende des Schuljahres, genauer gesagt nach der Ausgabe der Zeugnisse, holte mich meine Mutter von der Schule ab, um mit

mir nach San Remo zu fahren. Nur, dass Sie mich hier nicht falsch verstehen: Wir fuhren natürlich nicht in den italienischen Kurort an der ligurischen Küste, sondern in unsere Lieblingseisdiele, die *Gelateria San Remo*. Dort setzten wir uns an einen Platz am Fenster und meine Mutter reichte mir die Eiskarte. Meine Aufgabe war es, sie von oben bis unten laut vorzulesen. Was damals, zugegeben, noch etwas länger dauerte … Wenn ich dann endlich beim Walnussbecher angekommen war, atmete ich erleichtert auf. Das Schuljahr und der Beweis, dass ich tatsächlich lesen konnte, waren geschafft. Jetzt hieß es: Auf ins eiskalte Vergnügen! Ich durfte mir von der Karte einen riesigen Eisbecher aussuchen. Zeugnistage wurden mit mehr als nur einem Hörnchen auf die Hand oder dem Kindereisbecher gefeiert. Ich erinnere mich, dass ich jedes Mal, wenn die Bedienung mit der adrett gestärkten weißen Schürze bereits mit gespitztem Stift und Block in der Hand vor mir stand, noch unschlüssig war. Sollte ich mich für den Amarena-Becher, den Krokant-Becher oder doch den Hawaii-Becher entscheiden? Meist machte damals der Krokant-Becher das Rennen. Der Mandelkrokant, mit dem der Krokant-Becher meiner Kindheit üppig überstreut wurde, war zuckersüß, knackig und hausgemacht. In Verbindung mit dem sahnig cremigen Vanilleeis, der aromatischen Karamellsauce und dem Sahnehäubchen bedeutete er für mich pures Eisglück. Weshalb es mir wichtig war, Ihnen neben mehr als 100 Rezepten für vegane Eiskreationen ebenfalls ein Rezept für Mandelkrokant (siehe Seite 161) sowie für köstliche Karamellsauce (siehe Seite 160) an die Hand zu geben.

Veganes Eis – natürlich selbst gemacht

Später war mein Eisglück dann nicht mehr so ungetrübt. Wie viele Teenager damals wie heute fand ich mich zu pummelig. Statt zu Eis griff ich eine Weile lieber zu Äpfeln, Knäckebrot und Karotten. Noch später bemerkte ich, dass mir Milcheis zwar noch gut schmeckte, aber nicht mehr gut tat, weil ich eine Laktose-Intoleranz entwickelte. Irgendwann machte ich mir auch über andere tierische Zutaten Gedanken. Aus diesem Grund hatte ich auch gelernt, mir bei industriell gefertigtem Eis die Etiketten genauer anzuschauen. Mit Entsetzen entdeckte ich Zusätze wie Glukose-Fruktose-Sirup, Magermilchpulver, Butterreinfett sowie Emulgatoren, Stabilisatoren und künstliche Aromen. Wo war das leckere, aus ehrlichen Zutaten zubereitete Eis meiner Kindheit geblieben? Meine Lust auf Eis schmolz dahin wie selbiges in der Mittagssonne.

Dann entdeckte ich, wie einfach sich veganes Rohkosteis auf der Basis von tiefgefrorenen Bananen, Früchten und anderen rohköstlichen Zutaten im Mix-

behälter der Küchenmaschine oder im Standmixer zubereiten lässt. Seitdem habe ich immer ein paar gefrorene Bananen im Tiefkühlgerät vorrätig. Denn Rohkosteis schmeckt nicht nur himmlisch, sondern ist im Handumdrehen zusammengemixt und kommt als ausgesprochenes »Kalorienleichtgewicht« daher. Lecker leichte Rohkosteisvariationen für jede Jahreszeit finden Sie ab Seite 82.

Aus natürlichen, rein pflanzlichen Zutaten und ganz ohne Eismaschine lassen sich auch die halbgefrorenen Eisspezialitäten Parfait, Sorbet und Granita zubereiten. Für ein Parfait wird eine reichhaltige Crememasse angerührt und durch verschiedene Gewürzzutaten verfeinert. Ein Parfait gefriert ruhend, das heißt ohne zu rühren, cremig im Tiefkühlgerät. Verführerische Parfaits von Apfel-Zimt- bis Zitronenparfait laden Sie ab Seite 70 zum Schlemmen ein.

Ein Sorbet besteht aus Fruchtsaft, Fruchtpüree und Zucker. Um zu verhindern, dass die Eismasse im Tiefkühlgerät als Block steinhart gefriert, rührt man das Sorbet während des Gefrierens regelmäßig von Hand um. Auch bei der Zubereitung der ursprünglich sizilianischen Spezialität Granita muss während des Gefrierens regelmäßig gerührt werden. Frisch fruchtige Sorbets und Granitas finden Sie auf den Seiten 136 bis 147.

Dass sich köstlich schmelzendes Cremeeis auch zu Hause unter der Verwendung von rein pflanzlichen Zutaten, also komplett vegan herstellen lässt, beweisen die Rezepte ab Seite 36. Von Ahornsirup-Walnuss-Eis bis zum klassischen Vanilleeis ist für die Zubereitung in der heimischen *Gelateria vegana* für jeden Geschmack etwas vorhanden.

Fruchtig frisches Sojajoghurteis, welches Sie auf den Seiten 56 bis 69 vorfinden, ist eine innovative Abwechslung zum traditionellen Cremeeis. Damit lässt es sich an heißen Sommertagen herrlich »chillen«.

Weil ich als Kind in meiner Lieblingsgelateria außer dem Krokantbecher auch Eiskakao mit Sahnehäubchen und Schokosauce liebte, darf in diesem Buch ein Kapitel über »Geeiste Getränke« (siehe Seite 124) natürlich nicht fehlen. Vollendet werden die kühlen, veganen Köstlichkeiten durch eine Vielzahl von Eisgarnituren und -saucen (Seite 148), die das Eisschlecken perfekt machen. Leckere Eiskreationen am Stiel (siehe Seite 110) sowie Eiskonfekt, feine Eistörtchen und raffinierte Eishäppchen (siehe Seite 94) runden das eiskalte vegane Schleckvergnügen ab.

Eine herrliche Eiszeit in Ihrer ganz persönlichen *Gelateria vegana* wünscht Ihnen

Heike Dziuber - Anger

9

Kleine Eistheorie

Eis ist nicht gleich Eis. Wassereis besteht im Wesentlichen aus Wasser und geschmacksgebenden Zutaten wie Aromen oder Fruchtmus und Zucker. Reines Fruchteis besteht aus Fruchtsaft, Fruchtmus und ebenfalls Zucker. Wassereis und reines Fruchteis sind sehr einfach zuzubereiten und werden meist als Eis am Stiel oder in Eistütchen aus Kunststoff oder Silikon serviert. Sie gefrieren sehr hart und lassen sich nicht löffeln.

Im Fruchtsorbet ist der Fruchtanteil wesentlich höher als im einfachen Fruchteis. Bei der Zubereitung eines Sorbets wird meist Zucker in Wasser oder Saft gelöst und erhitzt. Die Zuckerlösung trägt dazu bei, dass das Sorbet cremig wird, und sorgt außerdem dafür, dass sich im fertigen Sorbet keine unerwünschten, harten Zuckerkristalle befinden. Nach dem Abkühlen wird die Zuckerlösung mit den pürierten Früchten und anderen Zutaten verrührt. Sehr raffiniert wird ein Sorbet, wenn statt Fruchtsaft Champagner, Wein oder Cidre verwendet werden. Wer keinen Alkohol mag, kann das Sorbet aber auch mit alkoholfreien Varianten von Sekt, Apfelwein oder Cidre sowie mit hellem (perlenden) Traubensaft geschmacklich variieren.

Um zu verhindern, dass das Sorbet beim Gefrieren zu hart wird, muss es regelmäßig entweder von Hand oder von der Eismaschine umgerührt werden. Es kommt als halbgefrorene Köstlichkeit, meist als Dessert, auf den Tisch. Saure Sorbets, die aus Zitrusfrüchten (siehe Seite 147), aber auch püriertem Gemüse wie zum Beispiel Gurken zubereitet sein können (siehe Seite 140), werden bei mehrgängigen Menüs gerne als Zwischengang serviert, weil sie die Verdauung anregen.

Granita, eine ursprünglich aus Sizilien stammende halbgefrorene Eisspezialität, ist dem Sorbet sehr ähnlich. Bei der klassischen Zubereitung wird Zuckersirup mit viel frisch gepresstem Zitronensaft verrührt, wodurch die Granita gerade an heißen Sommertagen sehr erfrischend ist. Statt Zitronensaft können auch pürierte Früchte oder Kaffee verwendet werden. Wie das Sorbet wird auch Granita unter häufigem Rühren nach und nach eingefroren. Allerdings bleibt die Konsistenz einer Granita wesentlich körniger als die eines Sorbets.

Parfait ist eine Eisspezialität, die nicht unter Rühren zubereitet wird, sondern die ruhend gefriert. Weil bei der Herstellung Zutaten mit einem hohen Fettgehalt und ein Emulgator verwendet werden, bleiben die Eiskristalle beim Gefrieren klein und das Eis schön cremig. Vor dem Servieren sollte ein Parfait jedoch mindestens 10 Minuten antauen.

Cremeeis ist die cremigste aller Eissorten, weil hier Milch und Sahne beziehungsweise ihre rein pflanzlichen Pendants in Kombination mit anderen

ausgewählten Zutaten unter Kühlung zu einer weichen, leicht zu löffelnden Masse verrührt werden. Welche Zutaten dies genau sind und was dabei zu beachten ist, wird im Folgenden erklärt.

Schritt für Schritt zu cremigem Eis

Leckeres, zart schmelzendes Cremeeis gibt es in vielen Farben und noch mehr Geschmacksrichtungen. Die noch immer von Groß und Klein, Alt und Jung am liebsten geschleckten Eissorten sind übrigens die traditionellen Eisklassiker Vanille, Schoko und Erdbeere.

Trotz der bunten Vielfalt, aus der kleine und große Eisfans schöpfen können, besteht Cremeeis an sich aus nur wenigen Grundzutaten. Dabei handelt es sich um:

- die flüssige Basis,
- vielfältige Geschmacksträger,
- verbindende Emulgatoren,
- verfeinernde Zutaten.

Pflanzendrinks als Grundlage

Als Flüssigkeiten werden bei »herkömmlichem« Cremeeis in der Regel Milch und Sahne verwendet. Diese sind, um veganes Cremeeis herzustellen, leicht durch ihre rein pflanzlichen Gegenstücke, also durch Soja-, Reis-, Hafer-, Dinkeldrink und Mandelmilch sowie Soja-, Dinkel-, Reis- und Hafersahne zu ersetzen. Hier kann jeder in der heimischen *Gelateria vegana* auswählen, was ihm am besten schmeckt und bekommt. Mit einer kleinen Einschränkung: Möchte man helles Cremeeis wie zum Beispiel Vanille-eis oder Zitroneneis herstellen, sollte man darauf achten, einen möglichst hellen Pflanzendrink zu ver-wenden. Ich verwende für solche Zubereitungen keinen Reisdrink oder Soja-Reis-Drink, weil hier die leicht graue Färbung dieser Pflanzendrinks unerwünscht ist. Bei Schokoeis oder anderen farblich inten-siven Cremeeiskreationen fällt die dunkle Grundfärbung weniger auf. Aber letztendlich ist alles eine Geschmackssache.

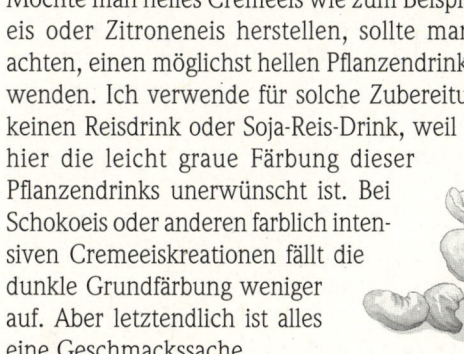

11

Fett macht Eiszubereitungen nicht nur cremig und sorgt für ein gutes »Zungengefühl«, sondern ist auch für den Geschmack wichtig. Die meisten Aromen kommen besser zur Geltung, wenn sie in fetthaltigen Flüssigkeiten verarbeitet werden. Außerdem sind einige Vitamine wie zum Beispiel das in Aprikosen oder Karotten vorkommende Provitamin A oder das in Avocados und Nüssen enthaltene Vitamin E fettlöslich. Deshalb sollte die Eismasse für Cremeeis immer auch ein bisschen gutes Fett enthalten. Dieses kann aus einer Pflanzensahne oder milden, geschmacksneutralen pflanzlichen Ölen bestehen. Besonders cremig und aromatisch werden Eiszubereitungen aus Kokosmilch, weil diese durch ihren hohen Fettgehalt (von etwa 18 Prozent) von Natur aus schon sehr cremig ist. Auch in Wasser gequollene Cashewnüsse und Paranuss-kerne, die mit Pflanzendrink oder Pflanzensahne fein cremig püriert werden, sind hervorragende Fettquellen und verleihen dem Eis eine sahnige Konsistenz.

Eine sehr erfrischende und fettärmere Eisvariante entsteht, wenn man als Basisflüssigkeit Sojajoghurt verwendet. Diesen kann man übrigens auch leicht zu Hause herstellen. Näheres dazu finden Sie auf Seite 31.

Süßes und Aromatisches für den feinen Geschmack

Cremeeis würde sich kaum einer so großen Beliebtheit erfreuen, wenn man lediglich die genannten Flüssigkeiten zum Gefrieren bringen würde. Damit Eis richtig gut schmeckt, muss neben der Konsistenz auch das Aroma stimmen. Welche Geschmacksträger sind also besonders wichtig?

Ganz ohne ein Süßungsmittel geht bei Eis rein gar nichts. Eis ohne die richtige Süße ist wie ein Sommer ohne Sonne. Da kommt beim Eisschlecken keine Freude auf.

Das bei der Eisherstellung meist verwendete Süßungsmittel ist der Zucker. Der verleiht dem fertigen Eis nicht nur eine feine Süße, sondern sorgt auch dafür, dass das Eis beim Gefrieren cremig bleibt. Anders ausgedrückt: Wenn man zu wenig Zucker unterrührt, ist das Eis nach dem Gefrieren steinhart. Zucker senkt den Gefrierpunkt und verhindert so, dass das in der Eismasse vorhandene Wasser zu schnell auskristallisiert. Wer bei seiner Ernährung an Zucker sparen möchte, sollte dies also in anderen Bereichen, aber möglichst nicht bei der Zubereitung von Speiseeis tun.

Zuckerkristalle werden durch Kälte hart und lösen sich beim Lutschen dann nur schwer auf, sodass bei der Eiszubereitung vorzugsweise sehr feiner Zucker wie Puderzucker zum Einsatz kommt. Verwendet man andere Zuckersorten wie zum Beispiel Vollrohrzucker, sollte dieser vorher in einer Flüssigkeit aufge-löst werden. Eine besonders cremige Konsistenz ergibt sich, wenn man Zucker

in Flüssigkeit (Wasser, Fruchtsaft, Pflanzendrink) aufkocht oder Läuterzucker herstellt. Von Läuterzucker spricht man, wenn gleiche Mengen von Zucker und Wasser (zum Beispiel 200 Gramm Roh-Rohrzucker und 200 Milliliter Wasser) verrührt und kurz unter Rühren gekocht werden. Bevor der Zuckersirup mit den anderen Zutaten verrührt werden kann, muss er abkühlen.

Eine Alternative zu Zuckersirup sind flüssige Süßungsmittel wie Agavendicksaft (siehe Seite 25) und Ahornsirup (siehe Seite 25). Ahornsirup hat allerdings je nach Qualitätsgrad einen deutlichen Eigengeschmack, der zur betreffenden Eiskreation passen muss. Für das Abschmecken der Eismasse ist wichtig zu wissen, dass das Eis durch die Kälte weniger süß schmeckt. Soll das fertige Eis also schön süß sein, muss die Eismasse deutlich süß schmecken.

Nicht nur Zucker, sondern auch frische oder getrocknete Früchte bringen viel Geschmack ins Eis. Dies gilt vor allem, wenn man frische, heimische Früchte nach Saison verwendet. Himbeereis mit Himbeeren aus dem eigenen Garten schmeckt gleich doppelt gut! Optimal ist es, wenn die süßen Früchtchen frisch vom Baum, Strauch, Beet oder Feld geerntet, in kürzester Zeit verarbeitet und der Eismasse zugefügt werden. Je reifer sie sind, desto deutlicher kommt beim fertigen Eis ihr Aroma zum Ausdruck.

Bananen (die Basis für viele Rohkosteiskreationen) werden am besten vollreif verwendet. Sie sind für die Eiszubereitung dann genau richtig, wenn ihre Schale schon deutlich braun gesprenkelt ist.

Statt frischer Himbeeren, Brombeeren, Blaubeeren und Johannisbeeren kann man auch tiefgekühlte Ware verwenden. Die Früchte sollten jedoch nicht direkt vom Tiefkühlgerät in die Eismasse gegeben werden, sondern vorher ein wenig antauen, bis sie anfangen, Saft abzugeben. Je süßer die dem Eis zugefügten Früchte sind, desto weniger Zucker muss man zum Süßen der Eismasse verwenden.

Gewürze und Kräuter sind ebenfalls dazu geeignet, Eis geschmacklich aufzupeppen. So verleihen neben Vanilleschote, Kakao und Kakaonibs (siehe Seite 29) auch Carobpulver (siehe Seite 28), Zimt, Ingwer, Sternanis, Kardamom, Muskatnuss, fein abgeriebene Orangen-, Zitronen- oder Limettenschale, ein wenig Kaffee oder Espresso sowie Minze, Zitronenmelisse und Lavendel dem Eis ein ganz besonderes Aroma.

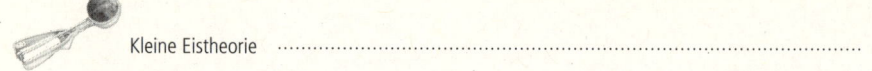

Eine Kombination von ausgewählten Gewürzen und Früchten ergibt ebenfalls leckere Eiskreationen.

Auch alkoholische Getränke wie Whisky, Rum, Wein, Sekt oder Champagner und Likör können dem Eis, wenn gewünscht, eine besondere Geschmacksrichtung verleihen. Der Alkohol sorgt außerdem dafür, dass das Eis schön weich und cremig bleibt. Doch Vorsicht! Wenn man zu viel an vor allem hochprozentigem Alkohol in die Eismasse einrührt, wird das Eis nicht mehr fest!

Rein pflanzliche Bindemittel

Wer schon einmal eine Salatsauce aus Olivenöl und Wasser oder Zitronensaft angerührt hat, weiß, dass diese beiden Flüssigkeiten nicht wirklich zusammenkommen wollen. Durch kräftiges Rühren kann man zwar erreichen, dass die Sauce glatt wird. Lässt man sie jedoch 15 Minuten ohne zu rühren stehen, setzt sich das Wasser oder der Zitronensaft unten in der Schüssel ab, das Öl schwimmt in Tropfenform darauf. Das Gleiche passiert, wenn man zur Herstellung einer Eismasse Pflanzenmilch beziehungsweise Pflanzensahne und pürierte Früchte verrührt, oder wenn man andere Zutaten, die einen hohen Wasseranteil enthalten, mit fetthaltigen Zutaten kombiniert. Ohne die Zugabe von verbindenden und stabilisierenden Zusätzen trennen sich der Fett- und Wasseranteil in der Eismasse. Beim Kühlen kristallisiert das Wasser schnell aus, worunter der Geschmack des Eises leidet. Um dies zu verhindern, wird Milch- und Sahneeis meist mit frischem Eigelb zubereitet. Im Eigelb steckt viel Lecithin, welches als Emulgator wirkt. In der *Gelateria vegana* möchten wir natürlich kein Eigelb verwenden. Als Ersatz für Eigelb werden die beiden rein pflanzlichen Bindemittel Johannisbrotkernmehl (siehe Seite 28) und Guarkernmehl (siehe Seite 27) eingesetzt. Auch das in Sojadrink natürlicherweise enthaltene Lecithin trägt dazu bei, die Eismasse zu stabilisieren.

Feine Zutaten fürs gewisse Extra

Ein frostiges i-Tüpfelchen kann man den hausgemachten Eiskreationen dadurch aufsetzen, dass man der Eismasse zusätzliche feine Zutaten hinzufügt. Das können fein gehackte, frische oder getrocknete Früchte, fein gehackte Zartbitterschokolade, fein gehackte Nüsse, Mandeln oder Pistazien, Kokosflocken, Krokant (siehe Seite 159 und Seite 161), Schokosirup (siehe Seite 167) oder Karamellsauce (siehe Seite 160), zerkrümelte Kekse (siehe Seite 163 und Seite 165), Schokodrops und vieles mehr sein. Der Fantasie sind hier keine Grenzen gesetzt. Diese Zutaten gibt man am besten 10 bis 15 Minuten bevor

das Eis fertig gefroren und servierbereit ist zur Eismasse und rührt alles von Hand unter oder lässt es von der Eismaschine unterrühren.

Zarter Schmelz ohne Eismaschine

Lecker cremiges Eis wie beim Italiener um die Ecke lässt sich in der heimischen *Gelateria vegana* am einfachsten und schnellsten mit der Eismaschine herstellen. Ich habe aber durchaus Verständnis dafür, dass nicht jeder, der sich und die Liebsten mit selbst gemachtem Eis verwöhnen möchte, eine Eismaschine anschaffen kann oder möchte.

So gelingen Cremeeis und Sojajoghurteis auch ohne Eismaschine:

- Bereiten Sie zuerst die Eismasse nach Rezept zu und lassen Sie sie auf Kühlschranktemperatur abkühlen.
- Geben Sie die Eismasse danach in eine große Schüssel. Die Schüssel sollte nur knapp über die Hälfte gefüllt werden. Stellen Sie nun die Schüssel in Ihr Tiefkühlgerät.
- Überprüfen Sie nach etwa 60 Minuten, ob die Eiscreme beginnt, am Rand der Schüssel zu gefrieren. Falls Sie noch keine dünne Eisschicht erkennen können, stellen Sie die Schüssel zurück ins Tiefkühlfach und warten weitere 10 bis 15 Minuten. Falls sich die erste Schicht am Rand gebildet hat, kratzen Sie diese mit einem Spatel ab und rühren Sie sie in Richtung Mitte. Nehmen Sie nun Ihr Handrührgerät und schlagen Sie die Eismasse auf hoher Stufe eine gute Minute auf.
- Stellen Sie die Schüssel in das Tiefkühlgerät zurück. Wiederholen Sie das Herausnehmen der Schüssel und Aufschlagen der Eismasse mehrmals, in zunehmend kürzeren Abständen. Das ist wichtig, um die Eiskristalle möglichst klein zu halten und möglichst viel Luft in die Eismasse einzuarbeiten. Nur zur Erinnerung: Sie übernehmen ja von Hand den Job der Eismaschine!
- Wenn das Eis komplett durchgefroren und servierbereit ist, sollte es auch mit dieser Zubereitungsmethode cremig sowie gut portionierbar sein und köstlich auf der Zunge schmelzen.

Aufbewahrung und Haltbarkeit

Eis aus dem Supermarkt werden bei der Produktion verschiedene Zusatz-stoffe beigemengt, die dafür sorgen, dass das Eis lange haltbar bleibt und dass es selbst bei einer Temperatur von minus 18 Grad Celsius schön cremig und leicht portionierbar ist.

Selbst gemachtes, aus frischen Zutaten zubereitetes Cremeeis und Sojajog-hurteis sind dagegen für den sofortigen Verzehr gedacht. Es schmeckt nämlich am besten, wenn es direkt aus der Eismaschine serviert wird!

Manchmal ist das fertig zubereitete Eis aus der Eismaschine zwar fest, aber noch zu weich, um mit dem Eisportionierer perfekte Kugeln daraus zu formen. In dem Fall füllt man das Eis vom Eisbehälter in eine Schüssel und stellt es noch 15 bis 20 Minuten in das Tiefkühlgerät.

Bewahrt man frisch zubereitetes Eis länger im Tiefkühlgerät auf, so büßt es schnell an Geschmack ein. Vor allem solche Eissorten, die mit Pflanzendrinks und Pflanzensahne sowie mit vielen frischen Früchten oder Fruchtmus zu-bereitet werden, neigen dazu, innerhalb weniger Stunden auszuflocken. Das passiert, weil die Fruchtsäure mit dem Pflanzendrink beziehungsweise der Pflanzensahne reagiert. Das Eis ist zu diesem Zeitpunkt zwar keineswegs ver-dorben, aber der Geschmack und die Konsistenz sind nicht mehr so wie bei frischem Eis. Besonders mit Zitrusfrüchten zubereitetes Eis ist diesbezüglich sehr empfindlich und sollte immer direkt nach der Fertigstellung geschleckt werden.

Ein weiteres Problem bei der längeren Aufbewahrung von selbst gemach-tem Cremeeis und Sojajoghurteis im Tiefkühlgerät besteht darin, dass sich in dem Moment, wenn das Eis nicht mehr konstant durchgerührt wird, wieder unerwünschte Eiskristalle ausbilden. Diese konzentrieren sich vor allem an der Oberfläche, wodurch schon der erste Löffel nicht mehr so schmeckt wie frisches Eis eigentlich schmecken sollte. Hier hilft es, wenn man das frisch zubereitete Eis in eine luftdicht verschließbare Kunststoffdose gibt und ein auf die passende Größe zugeschnittenes Stück Backpapier auf die Eisoberfläche legt. Setzt man nun den Deckel auf, kann das Eis maximal drei Tage im Tief-kühlgerät gelagert werden, ohne dass sich Kristalle bilden.

Je mehr Fett und Zucker in die Eismasse gerührt werden, desto besser und länger ist ein Eis haltbar. Deshalb können Parfaits, vor allem, wenn sie wie hier in der *Gelateria vegana* ohne Eier zubereitet sind, ohne Schaden zu nehmen, bis zu zehn Tage im Tiefkühlgerät aufbewahrt werden.

Sorbet oder Granita sollten wie auch Rohkosteis direkt nach der Fertigstel-lung gelöffelt werden. Eis am Stiel friert von Natur aus wesentlich härter als Cremeeis oder Sojajoghurteis. Das ist kein Problem, weil man es in der Regel

direkt vom Stiel schleckt. Daher kann es ebenfalls bis zu zehn Tage unbeschadet im Tiefkühlgerät bleiben. Kleine Eisdesserts, Eistörtchen und Eiskonfekt (siehe Seite 94 bis Seite 109) sollten, um das Aroma zu schonen, nicht länger als drei Tage im Tiefkühlgerät aufbewahrt werden. Geeiste Getränke schmecken nur richtig kalt richtig lecker, sodass es sich eigentlich von selbst versteht, dass man sie sofort nach der Zubereitung trinkt.

Bitte beachten Sie, dass einmal aufgetautes Eis auf keinen Fall mehr zurück ins Tiefkühlgerät gestellt werden sollte!

Die beste Serviertemperatur

Tiefkühlgeräte werden in der Regel auf eine Temperatur von minus 18 bis minus 24 Grad Celsius herabgekühlt. Solch »arktische« Temperaturen sind für den optimalen Eisgenuss jedoch viel zu tief! Derart tief gefrorenes Eis lässt sich weder gut portionieren oder löffeln noch kommt sein feines Aroma richtig zur Geltung. Deshalb sollte Eis oder Parfait, wenn man es direkt aus dem Tiefkühlgerät nimmt, vor dem Servieren immer erst ein wenig antauen dürfen. Die Eistheken in Eisdielen sind übrigens so eingestellt, dass sie eine Temperatur von minus 11 bis minus 7 Grad Celsius halten, wodurch das Eis schön weich und cremig im Hörnchen landet. Frisch zubereitetes Eis aus der Eismaschine hat, wenn alles richtig gelaufen ist, stets die ideale Serviertemperatur.

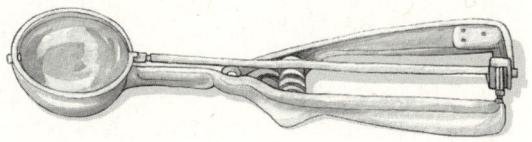

Praktische Helfer in der heimischen Gelateria

Mit ein paar wenigen, speziellen Küchenutensilien wird die heimische Küche zur perfekten *Gelateria,* wo sich lecker frisches *Gelato & Co.* leicht zubereiten lassen. Vieles, was zur Eisbereitung notwendig ist, haben Sie bestimmt bereits im Haus: Handrührgerät, Schneebesen, Kunststoffspatel, Kochlöffel, ein großes Küchensieb und ein kleines, feinmaschiges Sieb, eine Zitruspresse, Reibe, Küchenwaage, einen Messbecher, Backpapier, Eiswürfelbehälter, Gläser und Tassen, Rührschüsseln, Töpfe, Pfannen und Kunststoffdosen in unterschiedlichen Größen. Hier müssen Sie, von den notwendigen Zutaten für das Eis selbst einmal abgesehen, keinen weiteren Cent investieren, um ein cremiges Parfait, fruchtiges Sorbet oder feine Eishäppchen zuzubereiten. Praktisch sind auf jeden Fall eine längliche, flache Kunststoffdose mit Deckel, eine Muffinform, Tarteletteförmchen, kleine Tortenförmchen aus Silikon sowie Pralinenkapseln aus Papier oder Silikon.

Eismaschinen

Möchte man regelmäßig Cremeeis oder Sojajoghurteis herstellen, ist die Verwendung einer Eismaschine sehr praktisch. Das gilt besonders, wenn man sich und andere rund ums Jahr mit frischem Eis verwöhnen möchte oder sich viele Gäste mit Eishunger einfinden. Hier kann die Eismaschine dazu beitragen, viel Muskelkraft und Zeit zu sparen, weil sie das Rühren und Kühlen zugleich übernimmt. Während die Eismaschine fleißig vor sich hin arbeitet, kann man schnell noch eine leckere Sauce für das Eis anrühren, Pancakes (siehe Seite 164) backen oder gemütlich mit den Gästen plaudern.

Was geht derweil in der Eismaschine vor sich? Ein Rührarm aus Kunststoff oder ein kreisender Spatel schabt kontinuierlich das bereits an der Wand des Eisbehälters angefrorene Eis ab und vermischt es mit der noch flüssigen Eismasse in der Mitte. Dadurch gelangen Luftbläschen in die Eismasse und die sich beim Gefrieren bildenden Eiskristalle werden möglichst klein gehalten. Je kleiner die Eiskristalle bleiben und je »fluffiger« die Eismasse durch das Einarbeiten von Luft wird, desto cremiger ist das fertige Eis. Um dem Eis genügend Raum zu geben, sich im Eisbehälter durch das Einarbeiten von Luftbläschen auszudehnen, sollte man den Behälter der Eismaschine stets nur zu zwei Drittel mit Eismasse füllen.

Dieses Prinzip des kontinuierlichen Rührens und gleichzeitigen Kühlens der Eismasse wird in jeder Eismaschine angewandt. Hier sind alle Eismaschinen

also mehr oder minder gleich. Ein bedeutender Unterschied besteht jedoch darin, ob die Kühlung der Eismaschine passiv oder aktiv erfolgt.

Passiv gekühlte Eismaschinen

Günstige Eismaschinen mit passiver Kühlung, die man mitunter schon für gut 20 Euro kaufen kann, bestehen aus einer elektrischen Rühreinheit oder einer Handkurbel und dem Gefrierbehälter. Der Gefrierbehälter ist ein doppelwandiges Gefäß, in dessen Kammer sich die Kühlflüssigkeit befindet. Diese sorgt dafür, dass die Eismasse beim Rühren zu Eis erstarrt. Um diese Kühlflüssigkeit auf die notwendige Temperatur herunterzukühlen, muss man den Gefrierbehälter, je nach Fabrikat und Größe, bis zu 24 Stunden vorher in das Tiefkühlgerät geben. Auch die Eismasse sollte vor dem Einfüllen in den Gefrierbehälter gut im Kühlschrank durchgekühlt sein, damit das Eis richtig fest wird. Gibt man den Gefrierbehälter für ausreichende Zeit (bitte hierzu unbedingt den Empfehlungen des Herstellers folgen) in das Tiefkühlgerät und ist die Eismasse beim Einfüllen in den Gefrierbehälter kühl genug, rühren auch die einfachen, passiven Eismaschinen in rund 40 Minuten leckere Eisspezialitäten zusammen. Ihr großes Manko ist allerdings, dass man mit ihnen nicht spontan Eis zaubern kann, sondern dass die Eiszubereitung einer vorausschauenden Planung bedarf. Auch lässt sich nur eine Sorte zubereiten, eine neue Geschmacksvariante kommt erst wieder 24 Stunden später auf den Tisch. Manche Gefrierbehälter sind außerdem zu groß, um bequem im Eisfach des Kühlschranks unterzukommen. Falls man also nur ein Eisfach oder sehr flache Schubladen im Tiefkühlgerät zur Verfügung hat, sollte man vor dem Kauf besser nachmessen, ob der Gefrierbehälter der Eismaschine und das heimische Eisfach miteinander harmonieren.

Aktiv gekühlte Eismaschinen

Komfortabler sind Eismaschinen, die nicht passiv, sondern aktiv mithilfe eines Kompressors kühlen. Diese Geräte sind auf Knopfdruck startklar und nehmen es auch nicht allzu übel, wenn die Eismasse vorher nicht auf die ideale Kühlschranktemperatur heruntergekühlt wurde. Die Eiszubereitung dauert dann lediglich ein paar Minuten länger. Ist die Eismasse vor dem Einfüllen in den Gefrierbehälter gut durchgekühlt, kann man in etwa 30 Minuten ein leckeres Eis löffeln. Steht also plötzlich Besuch mit Eishunger vor der Tür oder waren die Erdbeeren auf dem Wochenmarkt einfach unwiderstehlich, kann man so auch auf die Schnelle ein herrlich cremiges Eis zaubern.

Dieser Komfort hat natürlich seinen Preis. Gute Kompressor-Eismaschinen sind ab etwa 170 Euro zu haben. Zusatzfunktionen wie zum Beispiel die Zubereitung von Frozen Yogurt, Softeis oder Milchshakes wollen noch extra bezahlt werden, sodass hier das Preisspektrum locker bis auf 400 Euro steigen kann. (Dazu eine persönliche Anmerkung: Ich bereite mein Sojajoghurteis immer in einer Eismaschine mit Kompressor, aber ohne spezielle Frozen-Yogurt-Funktion, und das mit gutem Ergebnis, zu.) Wer mit der Anschaffung eines solchen Gerätes liebäugelt, sollte jedoch beachten, dass Eismaschinen mit Kompressor wesentlich lauter, schwerer und größer sind als die kleineren passiven Geräte. Das ständige Aus-dem-Schrank-Räumen und In-den-Schrank-zurück-Stellen kann sich daher mitunter als etwas mühselig gestalten. Am besten ist es, wenn der Eismaschine ein fester Platz in der Küche zugewiesen wird, auf dem sie stehen bleiben und ihren »Job« machen darf. Die kompressorbetriebene Königsklasse der Eismaschinen ist also eher für solche Eisliebhaber geeignet, die Spaß am regelmäßigen Eismachen und Ausprobieren zu jeder Jahreszeit haben.

Aber egal, ob man sich für eine passive oder aktive Eismaschine entscheidet: Wichtig ist, dass das Gerät einen sicheren und stabilen Eindruck macht. Am Boden der Eismaschine angebrachte Gummifüße verhindern unkontrolliertes Herumwandern in der Küche. Der Eisbehälter sollte zur einfachen Reinigung aus der Maschine zu entnehmen sein, Rührer oder Spatel und die Abdeckung sollten in der Spülmaschine zu reinigen sein. Praktisch ist, wenn sich in der Abdeckung eine kleine Öffnung mit Deckel befindet, durch die man kurz vor Fertigstellung des Eises verfeinernde Zutaten wie zum Beispiel fein gehackte Schokolade oder Nüsse geben und von der Eismaschine unterrühren lassen kann.

Pürierstab

Wissen Sie, liebe Leserinnen und Leser, warum ich meinen Pürierstab sogar mit in den Campingurlaub nehme? Er ist so wunderbar vielseitig und für mich im Küchenalltag einfach unersetzbar. Die aus gehärtetem Edelstahl gefertigten, bei Betrieb schnell rotierenden Messer im Stabfuß zerkleinern oder pürieren in Sekundenschnelle Früchte, Kräuter und Gemüse und machen auch beim Zerkleinern von kleineren Mengen Nüssen nicht schlapp. Deshalb ist der Pürierstab auch für die Zubereitung vieler der ab Seite 36 vorgestellten Eisspezialitäten und Eisgarnituren unverzichtbar. Damit werden Obst und andere Zutaten für die Eismasse leicht und schnell püriert. Auch unerwünschte Klümpchen, die sich beim Einrühren von Johannisbrotkernmehl oder Guarkernmehl bilden können, werden vom Pürierstab in Nullkommanichts aufgelöst.

Falls bei Ihnen noch kein Pürierstab zum Kücheninventar gehört, sollten Sie sich beim Kauf für ein Gerät entscheiden, das mit einem leistungsstarken Elektromotor ausgestattet ist und mindestens zwei Leistungsstufen hat. Besonders praktisch sind solche Geräte, an die zusätzlich ein sogenannter Universalzerkleinerer angeschlossen werden kann, in dem kleinere Mengen von getrockneten Früchten, Nüssen, Mandeln und Schokolade blitzschnell zerhackt sind.

Küchenmaschine und elektrischer Standmixer

Bei der Verarbeitung von größeren Mengen Obst (zum Beispiel zur Zubereitung von Rohkosteis) und Eismassen oder auch von sehr harten Nüssen, Kernen und Samen kommt der Pürierstab allerdings oft an seine Grenze. Für diesen Fall lohnt sich die Anschaffung einer zusätzlichen Universal-Küchenmaschine. Im Mixbehälter ist viel Platz für alle Zutaten, die schnell mit den rotierenden Schlagmessern aus Edelstahl zerkleinert oder püriert werden müssen. Nach Gebrauch sind die Messer sowie der Behälter meistens im Nu wieder gereinigt oder können in die Spülmaschine gegeben werden. Mit einer guten Küchenmaschine kauft man sogar mehrere Geräte in einem, weil zur Basisausstattung (mindestens) noch ein Teigkneter sowie ein Schneid-, Raspel- und Reibeinsatz gehören.

Eine Alternative oder eine Ergänzung zur Küchenmaschine ist ein leistungsstarker und robuster Standmixer oder Blender. Dieser besteht meist aus zwei Teilen: Im Standfuß ist der Elektromotor untergebracht, der in verschiedenen Betriebsgeschwindigkeiten genutzt werden kann. Auf den Standfuß wird ein nach unten flüssigkeitsdicht abgeschlossener, aus Edelstahl,

Glas oder transparentem Kunststoff gefertigter Behälter gesetzt. Auf dem Boden des Behälters sind die durch den Elektromotor angetriebenen und bei Betrieb schnell rotierenden Messer angebracht. Dadurch werden flüssige und halbfeste, bei sehr leistungsstarken Geräten auch harte oder gefrorene Zutaten blitzschnell püriert. Wie bei den Küchenmaschinen gibt es auch bei den Standmixern erhebliche Qualitätsunterschiede. Ein hochwertiges Gerät erkennen Sie daran, dass es einen stärkeren Motor (leistungsstarke Geräte haben bis zu 1500 Watt), eine stabilere Kupplung und stabilere wie auch schärfere Messer als ein Gerät aus dem Niedrigpreissegment hat. Ein guter Indikator dafür, ob das Gerät wirklich alles blitzschnell pürieren kann, ist die Umdrehungszahl pro Minute. Geräte der guten Mittelklasse schaffen zwischen 10000 und 18000 Umdrehungen pro Minute, die sehr teure Königsklasse bringt es auf über 30000 Umdrehungen.

Allgemein gilt für den Gebrauch der Küchenmaschine oder des Standmixers: Falls Ihr Gerät Schwierigkeiten haben sollte, die für die Zubereitung der Rezepte notwendigen Zutaten gleichmäßig fein zu pürieren, hilft es, entweder die Portionen zu verkleinern oder noch etwas zusätzliche Flüssigkeit hinzuzufügen.

Eisportionierer

Selbstverständlich kann man das fertige Cremeeis oder Sojajoghurteis mit einem ganz normalen Esslöffel in die bereitgehaltenen Eishörnchen, Eisschälchen oder Dessertschüsseln geben. Schöner und gleichmäßiger sieht es jedoch aus, wenn man einen Eisportionierer verwendet. Diese praktischen und wenig kostspieligen Küchenutensilien werden meist aus rostfreiem Edelstahl gefertigt, der selbst bei sehr hartem Eis formstabil bleibt und dem Speisesäuren nichts anhaben können. Das Eis wird zum Portionieren in eine halbkugelförmige sogenannte »Laffe« gepresst. Durch Betätigen eines Zangengriffs wird eine kleine, schmale Schaufel in der Laffe aktiviert, wodurch sich das Eis vom Metall löst. Ein anderer Typ des Eisportionierers ist so konstruiert, dass die Eiskugel durch das Drücken eines kleinen Hebels aus einem Doppellöffel gelöst wird. Für sehr hartes Eis ist am besten ein spezieller, besonders stabiler Eislöffel mit scharfen Kanten geeignet, mit dem man das Eis durch Abschaben in lockere Kugeln formen kann.

Für welches System man sich beim Kauf eines Eisportionierers entscheidet, ist letztendlich jedoch Geschmackssache. Wichtig ist nur, dass das ausgewählte Gerät gut in der Hand liegt und sich leicht, am besten in der Spülmaschine, reinigen lässt.

Möchte man mehrere Kugeln zügig hintereinander mit dem Eisportionierer formen, empfiehlt es sich, ein Glas mit heißem Wasser bereitzuhalten, in das man den Eisportionierer nach dem Ausformen jeder zweiten oder dritten Kugel kurz eintaucht. Dadurch lösen sich Eiscremereste oder Verklebungen und die Kugeln werden anschließend wieder perfekt rund.

Eisportionierer können übrigens auch zu anderen Gelegenheiten in der Küche verwendet werden: für vegane Suppenklößchen, süße Nocken und vieles andere, das rund und gleichmäßig geformt auf dem Teller landen soll.

Elektrisches Waffeleisen

Ein Waffeleisen kennt eigentlich jedes Kind, sodass ich hier darüber nicht viele Worte verlieren möchte. Aus mitunter leidvoller Erfahrung mit einem hübschen, aber letztendlich wenig praktischen »Erbstück« meiner Großmutter möchte ich Ihnen aber empfehlen, möglichst ein beschichtetes Waffeleisen zu verwenden. Dieses sollten Sie (trotz oft anders lautender Empfehlungen der meisten Hersteller) vor dem Einfüllen des Waffelteigs gründlich mit hitzebeständigem Pflanzenöl einfetten. Denn nichts verdirbt einem die Freude am Zubereiten mehr als am Gerät klebende oder zerrissene Waffeln.

Wichtig ist in diesem Zusammenhang noch zu erwähnen, dass ein Waffeleisen zum Backen von Herzwaffeln oder Belgischen Waffeln nicht zum Ausbacken von Waffelteig für Eishörnchen oder Eisschälchen geeignet ist. Dafür verwendet man ein spezielles Eishörnchen-Waffeleisen, das auch Eiserkuchen-Waffeleisen oder Hörnchenautomat genannt wird. Die ebenfalls beschichteten Backflächen eines Eishörnchen-Waffeleisens sind deutlich flacher und feiner strukturiert als die Backflächen der Waffeleisen für Herzwaffeln. Im Eishörnchen-Waffeleisen wird der Teig besonders fein und knusprig gebacken und kann dann zu Hörnchen gerollt werden.

Förmchen für Eis am Stiel

Leckeres Eis am Stiel lässt sich, wie in den Rezepten ab Seite 110 beschrieben, leicht und ohne viel Aufwand zu Hause herstellen. Als Förmchen kann man oft das verwenden, was sowieso schon in der Küche vorhanden ist, zum Beispiel kleine Saftgläser, kleine Kunststoffdosen (bitte beachten Sie dazu den Hinweis auf Seite 96), leere Sojajoghurtbecher oder Eiswürfelbehälter. Je nach Größe der gewählten Form können Dessertlöffel, gekürzte stabile Trinkhalme oder Zahn-

stocher als Stiele dienen. Im Handel gibt es außerdem unterschiedlich lange und breite Stiele aus Holz oder Kunststoff zu kaufen, die dem hausgemachten Eis am Stiel ein etwas professionelleres Aussehen verleihen.

Noch einfacher geht es, wenn man vorgefertigte Stieleisformer aus Kunststoff oder Silikon verwendet. Damit heißt es nur noch: Die Eismasse in die Förmchen einfüllen, die Deckel mit den integrierten Stielen aufsetzen, die Förmchen gegebenenfalls in den mitgelieferten Ständer stellen und ab in das Tiefkühlgerät damit! Nach spätestens drei Stunden ist das Eis fertig, um vernascht zu werden.

Wer nicht so lange warten möchte, kann einen Blitz-Eisbereiter verwenden, der bei Eisfans in den USA sehr beliebt und inzwischen auch bei uns im Handel ist. Damit lässt sich Eis am Stiel in etwa 10 Minuten zubereiten. Der Blitz-Eisbereiter funktioniert ähnlich wie eine passive Eismaschine. Der mit Kühlflüssigkeit gekühlte Eisbereiter muss vor Gebrauch ebenfalls 24 Stunden in das Tiefkühlgerät gestellt werden. Dann setzt man die Stiele ein und füllt die Eismasse in die vorgesehenen Öffnungen. Nach 10 Minuten kann man das Eis vorsichtig an den Stielen aus dem Gerät ziehen. Ein mitgelieferter Tropfschutz, den man unterhalb des fertig gefrorenen Eis am Stiel anbringt, verhindert lästige Flecken auf T-Shirt, Pullover oder Hose. Für alle kleinen und großen Eisschlecker, die zur Ungeduld neigen, ist der Blitz-Eisbereiter eine prima eiskalte Sache!

Kleine Warenkunde

Eisschlecken in der heimischen *Gelateria vegana* macht doppelt Spaß: Zum einen weiß man ganz genau, was in den gefrorenen Köstlichkeiten, die erfrischend und cremig auf der Zunge zergehen, wirklich drin ist. Zum anderen lassen sich die meisten Eiskreationen mühelos zubereiten, sodass selbst kleine Eisfans mithelfen können. So wird das Do-it-yourself-Eismachen ein köstlicher Spaß für die ganze Familie.

Die Rezepte ab Seite 36 habe ich so ausgelegt, dass Sie die Zutaten bis auf wenige Ausnahmen in jedem gut sortierten (Bio-)Supermarkt oder im Naturkostfachgeschäft vorfinden. Außerdem werden viele heimische Obstarten von Apfel bis Zwetschge verarbeitet, die Sie saisonal und regional direkt beim Erzeuger, beim Hofladen Ihres Vertrauens, kaufen oder aus dem eigenen Garten ernten können. Dennoch kann es bei dem einen oder anderen Rezept passieren, dass Sie auf Zutaten stoßen, die Sie noch nicht so genau kennen oder mit deren Handhabung Sie vielleicht nicht so gut vertraut sind. Diese möchte ich Ihnen in einer kleinen Warenkunde vorstellen.

Agavendicksaft

Agavendicksaft ist ein natürliches Süßungsmittel, das aus dem Pflanzensaft der Agave gewonnen wird. In Südmexiko, dem ursprünglichen Verbreitungsgebiet der Agave, wird der Saft schon lange von Menschen genutzt. Zur Saftgewinnung wird der mittig aus der Blattrosette der Pflanze wachsende Blütenstand vor dem Verblühen abgeschnitten und der austretende Saft in der Wunde der Pflanze gesammelt, gefiltert und eingedickt. Der klare, hell bernsteinfarbene Agavendicksaft hat eine hohe, neutrale Süßkraft und ist in kalten wie auch warmen Speisen gut löslich.

Ahornsirup

Ahornsirup wird vor allem in Kanada und in den nördlichen Bundesstaaten der USA gewonnen. Dazu werden von Ende Februar bis April vor allem die Bäume des Zucker-Ahorns »angezapft«, das heißt mit einem Loch in der Rinde versehen, aus dem der Pflanzensaft tropft, den der Baum von den Wurzeln in seine Knospen transportiert. Um einen Liter Ahornsirup zu gewinnen, benötigt man 40 bis 50 Liter Pflanzensaft, die ein Baum in etwa zwei Wochen liefern kann. Der Saft wird eingekocht, bis der entstehende Sirup einen Zuckergehalt von etwa 60 Prozent hat. Beim Eindicken erhält der Sirup eine goldbraune Farbe und das typische Aroma.

Die Qualität und der Geschmack des fertigen Ahornsirups hängen vor allem vom Erntezeitpunkt des Pflanzensaftes ab. Je gehaltvoller der Pflanzensaft im Baum ist, desto dunkler ist die Farbe des eingedickten Sirups. Durch Lichtdurchlässigkeitsmessung wird die Qualität des fertigen Ahornsirups bestimmt, die man in verschiedene Grade einteilt. Am qualitativ hochwertigsten ist der sehr helle, fein milde Sirup, der in Kanada als »extra light« bezeichnet wird und meist nicht für den Export bestimmt ist. In Europa unterscheidet man nach den Graden A bis C. Grad A bezeichnet den hochwertigsten Sirup, der hell und mild aromatisch im Geschmack ist. Grad B ist deutlich dunkler und schmeckt sehr aromatisch. Der bernsteinfarbene Grad C ist sehr würzig, mit einem ausgeprägten Eigengeschmack. Deshalb ist er zum Süßen der hier vorgestellten Eisspezialitäten weniger geeignet. Ich verwende bei den Eiszubereitungen, die geschmacklich mit Ahornsirup harmonieren, gern Grad A, weil ich den speziellen Geschmack dieses Süßungsmittels schätze. Sie können sich selbstverständlich für eine andere Qualitätsstufe beziehungsweise einen kräftigeren Geschmack entscheiden.

Was ich Ihnen jedoch unbedingt empfehle, ist, sich beim Kauf von Ahornsirup für ein Produkt aus kontrolliert biologischem Anbau zu entscheiden. Damit können Sie sicher sein, dass in den Ahornwäldern weder Pestizide noch Kunstdünger zum Einsatz kommen. Beim Einkochen des Sirups wird zudem auf den Zusatz von Chemikalien, die die Schaumbildung verhindern sollen, verzichtet.

Cashewnüsse

Cashewnüsse sind gerade in der veganen Küche vielseitig einsetzbar. So kann man aus ihnen nicht nur eine leckere, rein pflanzliche Sahne herstellen (das Rezept dafür finden Sie auf Seite 155), sondern man kann sie auch als Basis für cremige Eismassen verwenden. Die kleine hellbeige Cashewnuss ist, im botanischen Sinn, gar keine Nuss, sondern die Frucht des Kaschubaums. Dieser immergrüne Laubbaum ist in Brasilien heimisch, wo er von den Portugiesen als erste Europäer entdeckt wurde. Der Name »Kaschu« (englisch *Cashew)* geht

auf den portugiesischen Namen »Caju« oder »Cajueiro« zurück. Ab dem 19. Jahrhundert wurde der Kaschubaum in Plantagen angebaut, heute kommen die Cashewnüsse vor allem aus Mosambik, Tansania, Kenia, Indien und Brasilien. Die Cashewnuss ist ein Anhängsel des ebenfalls essbaren Cashewapfels. Die Cashewäpfel sind, botanisch gesehen, die Verdickungen des Fruchtstiels. Sie tragen im Inneren keine Samen und sind damit Scheinfrüchte. Die Samen des Kaschubaums stecken in der Cashewnuss, also in der eigentlichen Frucht, und hängen unten am Cashewapfel. Eine Cashewnuss enthält einen einzigen Samen. In der Nussschale befindet sich ein giftiges Öl, das meist durch Hitze (Abflammen, Destillieren in Wasserdampf, Rösten in Kaschu-Schalenöl) entfernt wird. Durch die Hitzeeinwirkung werden auch die Schalen brüchig und können leichter geknackt werden, um den Kern aus dem Inneren zu lösen.

Der Fettgehalt von Cashewnüssen ist mit etwa 46 Prozent nicht ganz so hoch wie bei anderen Nüssen, der hohe Anteil an ungesättigten Fettsäuren macht sie für eine gesunde Ernährung jedoch besonders wertvoll. Cashewnüsse liefern außerdem wertvolle B-Vitamine und Mineralstoffe, vor allem Kalzium und Magnesium, aber auch Kalium, Zink und Eisen.

Wenn man Cashewnüsse einige Stunde in Wasser quellen lässt und danach gründlich püriert, erhält man eine feine, helle Creme, die Eismassen wunderbar cremig und sämig macht. Da pürierte Cashewnüsse mild im Geschmack sind, lassen sie sich gut mit Früchten und vielerlei Aromen kombinieren.

Guarkernmehl

Das geschmacksneutrale und in kalten Speisen hoch wirksame Verdickungs- und Bindemittel wird aus den etwa erbsengroßen Samen der Guarpflanze gewonnen. Dazu werden die äußeren Schichten und die Keimlinge der Samen entfernt. Der übrig bleibende Mehlkörper wird staubfein zermahlen. Guarkernmehl besteht zum größten Teil aus langkettigen, komplexen Kohlenhydraten, die sehr viel Wasser binden können. Daher genügen schon kleine Mengen, um Flüssigkeiten eindicken zu lassen. Bei der Zubereitung von Eiscreme wird Guarkernmehl hinzugefügt, um die Cremigkeit zu erhalten und die Bildung von Eiskristallen zu verhindern.

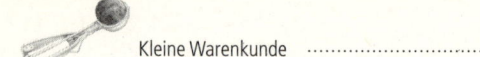

Wenn man Guarkernmehl in die kalte Flüssigkeit einrührt, kann es mitunter passieren, dass sich nur schwer wieder aufzulösende Klümpchen bilden, die den Geschmack beeinträchtigen. Daher gibt man Guarkernmehl am besten durch ein feines Sieb in die Flüssigkeit und rührt es danach gründlich unter. Sollten sich doch einmal Klümpchen gebildet haben, können diese durch kurzes Bearbeiten mit dem Pürierstab schnell aufgelöst werden.

Johannisbrotkernmehl und Carobpulver

Johannisbrotkernmehl wird von dem im östlichen Mittelmeerraum beheimateten und schon seit Jahrtausenden von Menschen genutzten Johannisbrotbaum gewonnen. Am Baum reifen im Frühjahr die etwa drei Zentimeter breiten und bis zu 30 Zentimeter langen, dunkelbraun bis schwarz gefärbten Hülsenfrüchte, die Caroben. Im Inneren der Caroben befinden sich neben dem Fruchtfleisch sehr harte, glänzende Samen, die zu einem feinen Pulver, dem Johannisbrotkernmehl, vermahlen werden. Johannisbrotkernmehl ist ein ausgezeichnetes Bindemittel für kalte wie auch warme Speisen, weil es zwischen dem 80- und 100-fachen seines Eigengewichtes an Wasser binden kann. Bei der Zubereitung vieler der in diesem Buch vorgestellten Eiskreationen trägt es dazu bei, die Eiskristalle in der Eismasse möglichst klein zu halten sowie fett- und wasserhaltige Zutaten zu stabilisieren. Im Handel wird Johannisbrotkernmehl unter verschiedenen Bezeichnungen angeboten. Bitte beachten Sie beim Gebrauch auch die Mengenangaben des jeweiligen Herstellers.

Wie bei Guarkernmehl können sich auch beim Einrühren von Johannisbrotkernmehl in Flüssigkeiten mitunter kleine Klümpchen bilden. Um dies zu vermeiden, empfiehlt es sich, Johannisbrotkernmehl durch ein feines Sieb in die Flüssigkeit zu geben und gründlich unterzurühren. Hartnäckige Klümpchen können durch das Durchmixen der Flüssigkeit mit dem Pürierstab aufgelöst werden.

Außer Johannisbrotkernmehl wird noch ein weiteres Produkt vom Johannisbrotbaum gewonnen: Das Fruchtfleisch der Caroben wird zu süßlichem, fruchtig aromatischem Carobpulver vermahlen. Um unerwünschte Bitterstoffe zu vermeiden, verwendet man nur die Mittelteile der Hülsenfrüchte, die zuerst grob zerkleinert, dann schonend geröstet und fein vermahlen werden. Carobpulver ist vom Aussehen und Geschmack her dem Kakaopulver sehr ähnlich, enthält jedoch keine anregenden Substanzen wie Koffein oder Theobromin und deutlich weniger Fett als Kakao.

Kakaonibs

Kakao und Kakaonibs werden aus den Samen von Kakaobäumen gewonnen. Die Kakaofrüchte werden bei der Ernte mit langen Pflückmessern vorsichtig vom Baum getrennt und danach mit Macheten geöffnet, um das weiße Fruchtfleisch und die darin eingebetteten Bohnen aus der Schale zu holen. Danach werden die Bohnen mit dem Fruchtfleisch zur Fermentation auf Bananenblättern ausgebreitet und mit einer weiteren Schicht Blättern abgedeckt. Eine andere Fermentationsmethode besteht darin, die Bohnen mit dem Fruchtfleisch in große Fässer, Körbe oder Holzkisten zu legen. Während der Fermentation, die je nach Kakaosorte zwei bis sieben Tage dauert, wird das Fruchtfleisch von der Bohne getrennt. Die Bohnen können außerdem kurz keimen, die Keime werden durch die stetig bei der Fermentation ansteigenden Temperaturen dann aber abgetötet. Durch die Fermentation nehmen die Bohnen ihre typische braune Farbe an und das erwünschte Schokoladenaroma beginnt sich zu entwickeln. Die fermentierten und vom Fruchtfleisch befreiten Bohnen werden geschält und in kleine Stückchen gebrochen, die Nibs genannt werden. Sie duften zart nach dunkler, herbbitterer Schokolade, haben aber einen deutlich milderen Geschmack als diese. Kakaonibs verleihen Eiskreationen einen köstlichen Schokogeschmack und machen das Eis besonders »crunchy«. Außerdem sind sie eine knusprige, gesunde Nascherei für zwischendurch, da sie neben Magnesium noch andere wertvolle Mineralstoffe enthalten.

Kakaonibs werden aus Fairem Handel in Weltläden oder im Versandhandel angeboten. Sie sollten trocken, nicht zu warm und am besten in einem dunklen, verschließbaren Glas oder in einer Dose mit Deckel gelagert werden. Bei richtiger Lagerung sind sie bis zu sechs Monate haltbar.

Kokosmilch

Aufgrund ihrer fein cremigen und dennoch sämigen Konsistenz, ihres dezent »nussigen« Aromas und des relativ hohen Fettgehaltes (etwa 18 Prozent) ist Kokosmilch ideal zur Herstellung unterschiedlichster Eiskreationen. Kokosmilch wird aus jungen, erntefrischen Kokosnüssen hergestellt. Ihr Fruchtfleisch wird mit Wasser zerkleinert und in einer Mühle ausgepresst. Anschließend wird die Kokosmilch ultrahocherhitzt und meist in Dosen oder Tetrapacks abgefüllt. Wegen des hohen Fettgehalts der Kokosmilch trennen sich der Fett- und Wasseranteil nach einer gewissen Zeit in der Verpackung. Dies merkt man beim Öffnen der Konserve an der dickflüssigen »Sahne«, die sich oben abgesetzt hat, und am milchigen Wasser im unteren Teil der Verpackung. Dies

ist ein natürlicher Prozess und kein Hinweis auf ein minderwertiges Produkt. Damit die Kokosmilch wieder schön homogen wird, rührt man sie vor der Verwendung kurz durch.

Verwenden Sie für Ihre Eiskreationen in der *Gelateria vegana* vorzugsweise Kokosmilch aus ökologischem Anbau und Fairem Handel. Kokosmilch in Bioqualität hat einen besonders hohen Kokosanteil und ist frei von zugesetzten Emulgatoren, Verdickungsmitteln, Zucker und künstlichen Aromen. Reste der nicht aufgebrauchten Kokosmilch halten sich, wenn man sie in ein mit einem Deckel verschließbares Gefäß umfüllt, problemlos zwei bis drei Tage im Kühlschrank.

Kokosöl

Das weiße oder weißgelbliche Kokosöl oder auch Kokosfett wird aus dem frischen oder getrockneten Fruchtfleisch der Kokosnuss gepresst. Anders als andere pflanzliche Öle ist es bereits bei Raumtemperatur und wenn es im Kühlschrank aufbewahrt wird fest. Dadurch eignet es sich besonders für die Zubereitung des bei Groß und Klein beliebten, im Handel üblicherweise in bunte Staniolkapseln verpackten Schokoeiskonfektes (siehe Seite 101).

Schokoeiskonfekt muss zum Gefrieren nicht in das Tiefkühlgerät gestellt oder in der Eismaschine verarbeitet werden, sondern erstarrt im Kühlschrank. Kokosöl wird bei der Zubereitung von Schokoeiskonfekt verwendet, weil es beim Schmelzen viel Schmelzwärme aufnimmt. Dadurch spürt man beim Lutschen einen deutlichen Kühleffekt im Mund.

Bei anderen Eisspezialitäten, die im Tiefkühlgerät oder in der Eismaschine heruntergekühlt werden, trägt Kokosöl dazu bei, dass die Eiskristalle klein bleiben und das Eis beim Gefrieren cremig bleibt.

Wie bei anderen pflanzlichen Ölen gibt es auch beim Kokosöl große Qualitätsunterschiede. Das qualitativ hochwertige native Kokosöl – welches Sie unbedingt verwenden und möglichst auch aus Fairem Handel beziehen sollten – wird aus Kokosnüssen aus ökologischem Anbau gewonnen. Das frische Fruchtfleisch der Kokosnuss wird hierfür zerkleinert und bei nied-

rigen Temperaturen gepresst. Das Kokosöl setzt sich anschließend von den wässrigen Bestandteilen der ausgepressten Flüssigkeit ab.

Stärker verarbeitetes und raffiniertes Kokosöl wird aus dem getrockneten Fruchtfleisch (Kopra) gepresst und ist meist minderwertiger als natives Kokosöl. Um unerwünschte Geschmacksstoffe, Farbstoffe und Geruchsstoffe zu entfernen, wird dieses Öl bei konventioneller Herstellung nach der Pressung meist entschleimt, gebleicht, desodoriert sowie teilweise mit Wasserstoff gehärtet, wodurch ungesunde trans-Fettsäuren entstehen können.

Puderzucker aus Roh-Rohrzucker

In vielen der ab Seite 36 vorgestellten Rezepte wird Puderzucker zum Süßen verwendet. Dieser staubfeine Zucker löst sich meist schon durch einfaches Rühren mühelos in der Eismasse auf, sodass keine Zuckerkristalle, die den Geschmack im fertigen Eis beeinträchtigen, übrig bleiben. Deutlich körnigerer Zucker sollte dagegen bei der Eiszubereitung in Flüssigkeit verrührt oder in Flüssigkeit kurz aufgekocht werden.

Normaler Puderzucker wird aus raffiniertem, weißem Kristallzucker gewonnen, der fein gemahlen wird. Die vollwertigere Alternative ist Puderzucker aus staubfein gemahlenem Roh-Rohrzucker. Ich stelle übrigens meinen Puderzucker meist selbst her, indem ich hellen Roh-Rohrzucker im Standmixer fein mahle. So kann ich stets genau die Menge zubereiten, die ich benötige, muss mich nicht über hart gewordenen Puderzucker ärgern und spare außerdem noch Geld.

Sojajoghurt

Sojajoghurt wird aus Sojadrink hergestellt, der mit Joghurtferment oder etwas fertigem Sojajoghurt versetzt wird. Wie Joghurt aus Kuhmilch kann Sojajoghurt auch zu Hause zum Beispiel in einem Joghurtbereiter hergestellt werden. Dabei ist jedoch zu beachten, dass sich stichfester Sojajoghurt nicht aus jeder Sorte Sojadrink herstellen lässt und sich nicht jeder Sojajoghurt als »Starter« eignet, sodass man mitunter verschiedene Sorten ausprobieren muss, bis der hausgemachte Sojajoghurt perfekt gelingt. Außerdem sollte man den Sojadrink und den zu verwendenden Sojajoghurt nicht bei Kühlschranktemperatur zusammenrühren und in die bereitgestellten Gläser des Joghurtbereiters füllen, sondern so lange warten, bis Sojadrink und Sojajoghurt Raumtemperatur angenommen haben. Wer auf Nummer sicher gehen möchte, kann den Sojadrink vor dem Einrühren des als »Starter« verwendeten fertigen Sojajoghurts kurz aufkochen und danach wieder bis auf etwa 40 Grad Celsius abkühlen lassen.

Die Zubereitungszeit im Joghurtbereiter dauert etwas länger als bei Joghurt aus Tiermilch. Manchmal wird erst nach 12 bis 14 Stunden die gewünschte Stichfestigkeit erreicht. Auch das Hinzufügen von ein wenig Speisestärke oder Johannisbrotkernmehl sorgt dafür, dass der Sojajoghurt fester wird. Ich bereite Sojajoghurt wie folgt zu:

Rezept hausgemachter Sojajoghurt

für 6 Joghurtgläser mit je 200 ml Inhalt

125 g Sojajoghurt
2 gestrichene EL Speisestärke oder 1 TL Johannisbrotkernmehl
etwa 900 ml Sojadrink

- Fünf Esslöffel vom Sojajoghurt abnehmen und mit der Speisestärke oder dem Johannisbrotkernmehl glatt rühren. Darauf achten, dass sich keine Klümpchen bilden.
- Den verbliebenen Sojajoghurt in eine Schüssel geben. Den mit Speisestärke oder Johannisbrotkernmehl angerührten Sojajoghurt hinzufügen und unterrühren.
- Nun unter Rühren in kleinen Portionen den Sojadrink hinzufügen. So lange rühren, bis sich der Sojajoghurt und Sojadrink gut vermischt haben.
- Die Mischung in die bereitgestellten Gläser des Joghurtbereiters füllen. Die Gläser gut verschließen und in den Joghurtbereiter stellen. Den Joghurt im Joghurtbereiter 12 – 14 Stunden reifen lassen.
- Den fertig zubereiteten Sojajoghurt im Kühlschrank aufbewahren, wo er sich 3 – 4 Tage hält.

Hinweise zu den Rezepten

Soweit nicht anders angegeben, sind die Rezepte für **4 Personen** berechnet.

Verwendete Abkürzungen:
EL = Esslöffel
TL = Teelöffel
MSP = Messerspitze
Esslöffel und Teelöffel sind beim Messen stets gestrichen gefüllt.

Vegane Zutaten

In den Rezepten werden einige verarbeitete Zutaten wie Zartbitterschokolade, Margarine, Sojajoghurt, Konfitüre, Lebkuchen, Spekulatius, Marzipanrohmasse, Sirup, verschiedene Essigsorten und Balsamicocreme sowie ein paar ausgewählte alkoholische Getränke verwendet.

Bitte beachten Sie, dass damit Produkte mit ausschließlich pflanzlichen Bestandteilen gemeint sind. Lesen Sie im Zweifelsfall die Zutatenliste oder wenden Sie sich an den Hersteller.

Pflanzliche Milch oder Sahne

In den Rezepten wird als rein pflanzlicher Ersatz für Kuhmilch vor allem Sojadrink, als Ersatz für Sahne Sojasahne empfohlen. Selbstverständlich steht es Ihnen frei, anstelle von Sojadrink oder Sojasahne ein anderes pflanzliches Produkt wie zum Beispiel Reisdrink, Haferdrink, Dinkeldrink, Soja-Reis-Drink, Mandelmilch beziehungsweise Hafersahne, Reissahne, Mandelsahne oder Dinkelsahne zu wählen. Bitte verwenden Sie das, was Ihnen am besten schmeckt und gut bekommt. Die einzige Einschränkung, die ich Ihnen diesbezüglich ans Herz legen möchte, finden Sie auf Seite 11.

Zu den Zubereitungszeiten

Bitte beachten Sie, dass es sich bei den im Rezeptteil angegebenen Zubereitungszeiten wie auch bei den Gefrierzeiten lediglich um ungefähre Angaben handelt, die als Orientierungshilfen für Sie gedacht sind. Bei einigen Eisspe-

zialitäten sowie bei den Garnituren wird neben der reinen Zubereitungszeit zusätzlich Zeit zum Einweichen, Antauen, Abkühlen oder eine Ruhezeit für den Teig oder Quellzeit für Mandeln, Cashewnüsse benötigt. Bitte planen Sie diese Extrazeit entsprechend ein.

Auf Sauberkeit achten

Bei vielen der im Folgenden vorgestellten Eisspezialitäten werden rohe Produkte verwendet, die den Nährboden für unerwünschte Keime und Bakterien bilden können. Deshalb ist es besonders wichtig, in der Küche penibel auf Sauberkeit zu achten. Die verwendeten Schneidebretter, Messer, Siebe, Rührschüsseln, Eisförmchen, der Gefrierbehälter der Eismaschine und die Rührvorrichtung sowie sonstige Küchenutensilien sollten stets picobello sauber sein.

Auch bei der Auswahl der Zutaten sollten Sie besondere Sorgfalt walten lassen. Bitte verwenden Sie nur frische, einwandfreie Zutaten und einwandfreies Obst. Dieses wird am besten unter fließendem Wasser abgespült oder in einer großen Schüssel mit Wasser gründlich gewaschen und im Anschluss vorsichtig trockengetupft.

Einmal aufgetautes Eis sollte nicht wieder eingefroren werden.

Zu den Backtemperaturen

Für einige wenige der in diesem Buch vorgestellten Rezepte benötigen Sie einen Backofen. Die bei den Rezepten angegebenen Temperaturen und Backzeiten gelten für einen Elektrobackofen mit Umluftfunktion. Bei anderen Arten der Hitzezufuhr richten Sie sich bitte nach den Herstellerangaben für Ihren Ofen. Bei Angabe der Garzeiten wird, sofern im Rezept nicht ausdrücklich anders erwähnt, von einem vorgeheizten Backofen ausgegangen.

Zubereitung mit und ohne Eismaschine

Die Mehrzahl der in diesem Buch vorgestellten Eiskreationen lässt sich problemlos ohne Eismaschine herstellen. Bei der Zubereitung von Cremeeis und Sojajoghurteis empfehle ich jedoch (weil es einfacher und schneller geht), eine Eismaschine zu verwenden.

Bitte achten Sie beim Gebrauch einer Eismaschine darauf, den Gefrierbehälter immer nur zu zwei Dritteln zu füllen. Durch das kontinuierliche Rühren der Eismaschine wird Luft in die Eismasse eingearbeitet, sodass diese sich im Gefrierbehälter ausdehnt.

Falls Sie (noch) keine Eismaschine Ihr Eigen nennen, können Sie die betreffenden Eisspezialitäten auch ohne die Hilfe einer Eismaschine zubereiten.

Geben Sie dazu die fertige Eismasse in eine große Schüssel und stellen diese in Ihr Tiefkühlgerät. Damit die Eiskristalle beim Gefrieren der Eismasse möglichst klein bleiben und das Eis schön cremig wird, müssen Sie die Schüssel in regelmäßigen Abständen aus dem Tiefkühlgerät nehmen und die Eismasse mit dem Handrührgerät kräftig durchrühren. Was Sie sonst noch bei der Zubereitung ohne Eismaschine beachten sollten, lesen Sie auf Seite 15.

Cremeeis

Ahornsirup-Walnuss-Eis

Eine Spezialität aus Kanada

200 g Cashewnüsse
900 ml kochend heißes Wasser
400 ml Sojadrink
90 ml Ahornsirup
1 ½ EL Walnussöl oder Kürbiskernöl
3 – 4 MSP gemahlene Bourbonvanille
80 g Walnusskerne

- Die Cashewnüsse mit dem Wasser übergießen und 5 Stunden oder auch über Nacht darin quellen lassen.
- Die Cashewnüsse in ein Sieb geben und mit klarem Wasser abspülen. Danach gut abtropfen lassen.
- Den Sojadrink mit den Cashewnüssen in den Mixbehälter der Küchenmaschine oder in den Standmixer geben und fein cremig pürieren.
- Den Ahornsirup, das Öl und das Vanillepulver hinzufügen und nochmals gründlich pürieren.
- Die Eismasse in den Gefrierbehälter der Eismaschine füllen und nach Anweisung des Herstellers zu Eis gefrieren lassen.
- Die Walnüsse mittelfein hacken und etwa 10 Minuten vor Ende der Gefrierzeit hinzufügen und von der Eismaschine unterrühren lassen oder kurz von Hand unterrühren (dabei die Eismaschine kurz ausschalten).

Zubereitungszeit: *10 Minuten*
(ohne die Zeit für das Einweichen der Cashewnüsse)
Gefrierzeit: *40 Minuten*

Ananas-Kokos-Eis

Piña Colada zum Löffeln

500 g mittelfein gewürfelte Ananas
400 ml Kokosmilch
75 g Roh-Rohrzucker
Saft einer kleinen Limette
2 – 3 EL weißer Rum (falls erwünscht)
1 TL Johannisbrotkernmehl
3 – 4 EL Kokosflocken

- Die Ananaswürfel, Kokosmilch sowie den Zucker, Limettensaft und Rum in den Mixbehälter der Küchenmaschine oder in den Standmixer geben und fein pürieren.
- Das Johannisbrotkernmehl durch ein feines Sieb dazugeben und alles nochmals kurz pürieren.
- Die Eismasse in den Gefrierbehälter der Eismaschine füllen und nach Anweisung des Herstellers zu Eis gefrieren lassen.
- Etwa 10 Minuten vor Ende der Gefrierzeit die Kokosflocken hinzufügen und von der Eismaschine unterrühren lassen oder kurz von Hand unterrühren.

Zubereitungszeit: *15 Minuten*
Gefrierzeit: *40 Minuten*

Tipp

Noch fruchtiger wird das Ananas-Kokos-Eis, wenn Sie zusätzliche 150 Gramm Ananas fein würfeln und diese etwa 15 Minuten vor Ende der Gefrierzeit mit den Kokosflocken von der Eismaschine unterrühren lassen oder kurz von Hand unterrühren.

Avocadoeis mit Pistazien

Cremig und aromatisch

2 reife Avocados
Saft einer Zitrone
3 – 4 MSP fein abgeriebene Zitronenschale
300 ml Sojadrink
200 ml Sojasahne
80 ml Agavendicksaft
1 MSP feines Meersalz
5 – 6 Blätter Zitronenmelisse
3 EL grüne Pistazienkerne

- Die Avocados halbieren und die Kerne entfernen. Das Fruchtfleisch der Avocados auslöffeln und mit dem Zitronensaft und der Zitronenschale in ein hochwandiges Rührgefäß geben.
- Den Sojadrink, die Sojasahne, den Agavendicksaft, das Salz und die grob zerkleinerten Blätter der Zitronenmelisse hinzufügen. Alles mit dem Pürierstab fein cremig pürieren.
- Die Eismasse in den Gefrierbehälter der Eismaschine füllen und nach Anweisung des Herstellers zu Eis gefrieren lassen.
- Etwa 10 Minuten vor Ende der Gefrierzeit die fein gehackten Pistazienkerne hinzufügen und von der Eismaschine unterrühren lassen oder kurz von Hand unterrühren.

Zubereitungszeit: *10 Minuten*
Gefrierzeit: *40 Minuten*

Bananen-Limetten-Eis

Mit dem Geschmack der Karibik

2 unbehandelte Limetten
2 große Bananen
50 g Roh-Rohrpuderzucker
250 ml Sojasahne
1 knapp gestrichener TL Johannisbrotkernmehl

- Von einer Limette die Schale fein abreiben.
- Beide Limetten auspressen.
- Den Limettensaft mit der Limettenschale und den geschälten und in Scheiben geschnittenen Bananen sowie dem Puderzucker in ein hochwandiges Rührgefäß geben.
- Mit dem Pürierstab kurz pürieren, bis die Bananen zerkleinert sind.
- Die Sojasahne hinzufügen und alles zu einer feinen Creme pürieren.
- Das Johannisbrotkernmehl durch ein feines Sieb dazugeben und alles mit dem Pürierstab nochmals kurz pürieren.
- Die Eismasse in den Gefrierbehälter der Eismaschine füllen und nach Anweisung des Herstellers zu Eis gefrieren lassen.

Zubereitungszeit: *10 Minuten*
Gefrierzeit: *40 Minuten*

Tipp

Besonders hübsch sieht es aus, wenn Sie das Eis mit Limettenzesten garniert servieren.

Bananen-Zimt-Eis mit Rumrosinen

Cremig süße Versuchung aus dem Mixer

8 kleine Bananen
100 g Rosinen oder Sultaninen
5 – 6 EL Rum
  ersatzweise 50 ml schwarzer Tee mit 3 – 4 Tropfen Rumaroma
200 ml Sojadrink
1 TL gemahlener Zimt
5 – 6 EL Karamellsauce (siehe Seite 160)

- Die Bananen schälen und in Scheiben schneiden.
- Die Bananenscheiben auf ein Tablett oder einen flachen Teller legen und mindestens 12 Stunden einfrieren.
- Die Rosinen mit dem Rum (oder dem aromatisierten Schwarztee) vermischen und 2 – 3 Stunden abgedeckt im Kühlschrank ziehen lassen. Dabei gelegentlich umrühren.
- Zur Eiszubereitung die Bananen aus dem Tiefkühlgerät nehmen und etwa 10 Minuten antauen lassen.
- Die Bananen mit dem Sojadrink, Zimt und der Karamellsauce in den Mixbehälter der Küchenmaschine oder in den Standmixer geben und alles fein cremig pürieren.
- Die Rumrosinen unterrühren und das Bananen-Zimt-Eis servieren.

Zubereitungszeit: *10 Minuten*
(ohne die Zeit zum Einweichen der Rosinen und Antauen der Bananen)
Gefrierzeit für die Bananen: *mindestens 12 Stunden*

Tipp

Wenn Sie, wie ich, von der herrlich süßen Karamellsauce gar nicht genug bekommen können, können Sie das Eis vor dem Servieren nach Belieben mit zusätzlicher Karamellsauce überträufeln.
Sollte der Mixbehälter Ihrer Küchenmaschine oder Ihres Standmixers nicht groß genug sein, um alle Zutaten aufzunehmen, bereiten Sie das Eis am besten in zwei Portionen zu.

Erdbeereis

Krönt die herrliche Erdbeersaison

400 g geputzte Erdbeeren
75 g Roh-Rohrzucker
1 Päckchen Bourbonvanillezucker
2 EL frisch gepresster Zitronensaft
200 ml Sojadrink
200 ml Sojasahne
1 TL Johannisbrotkernmehl

- Die Erdbeeren, je nach Größe, halbieren oder vierteln.
- Die Erdbeeren mit dem Zucker, Vanillezucker, Zitronensaft und Sojadrink in ein hochwandiges Rührgefäß geben.
- Alles kurz pürieren, bis die Erdbeeren zerkleinert sind.
- Die Sojasahne hinzufügen und die Erdbeersahne fein cremig pürieren.
- Das Johannisbrotkernmehl durch ein feines Sieb dazugeben und nochmals kurz pürieren.
- Die Eismasse in den Gefrierbehälter der Eismaschine füllen und nach Anweisung des Herstellers zu Eis gefrieren lassen.

Zubereitungszeit: *10 Minuten*
Gefrierzeit: *40 Minuten*

Tipp

Falls Sie ein etwas weniger kalorienreiches Eis zubereiten möchten, können Sie die Sojasahne durch Sojadrink ersetzen (insgesamt also 400 Milliliter Sojadrink verwenden). Das Erdbeereis wird dadurch zwar nicht ganz so cremig, schmeckt aber immer noch sehr gut.
Nach Belieben kann das Erdbeereis noch durch zwei bis drei Esslöffel Erdbeerlikör oder Cassis (Johannisbeerlikör) verfeinert werden. Den Likör mit den Erdbeeren in das Rührgefäß geben und weiter wie im Rezept beschrieben verfahren.

Kokos-Minz-Eis

Frischekick für alle Kokosnussfans

400 ml Kokosmilch
60 g Roh-Rohrzucker
1 MSP feines Meersalz
12 große Minzeblätter
150 ml Sojasahne
2 knapp gestrichene EL Speisestärke
2 EL frisch gepresster Zitronensaft

- Die Kokosmilch, den Zucker und das Salz in einen kleinen Topf geben und unter Rühren erhitzen, bis die Kokosmilch flüssig ist und der Zucker sich aufgelöst hat.
- Die Minzeblätter hinzufügen und die Kokosmilch bei sehr niedriger Temperatur und gelegentlichem Rühren etwa 45 Minuten auf dem Herd ziehen lassen. Danach die Minzeblätter entfernen.
- Von der Sojasahne fünf Esslöffel abnehmen und mit der Speisestärke verrühren.
- Die Sojasahne sowie die angerührte Speisestärke zur Kokosmilch in den Topf geben. Alles unter Rühren zum Kochen bringen und so lange kochen, bis die Flüssigkeit eindickt.
- Den Topf vom Herd nehmen und den Zitronensaft unterrühren.
- Die Eismasse zuerst abgedeckt auf Raumtemperatur abkühlen, danach im Kühlschrank gut durchkühlen lassen.
- Die Eismasse in den Gefrierbehälter der Eismaschine füllen und nach Anweisung des Herstellers zu Eis gefrieren lassen.

Zubereitungszeit: *60 Minuten (ohne die Zeit zum Abkühlen der Kokoscreme)*
Gefrierzeit: *40 Minuten*

Tipp

Besonders lecker schmeckt das Kokos-Minz-Eis, wenn Sie es mit der noch warmen Schokosauce von Seite 166 servieren.
Wenn Sie 10 Minuten vor Ende der Gefrierzeit noch fünf bis sechs Esslöffel fein gehackte Zartbitterschokolade hinzufügen und von der Eismaschine unterrühren lassen oder von Hand unterrühren, erhalten Sie leckeres Stracciatella-Minz-Eis.

Karamelleis

So kommt der Geschmack von Karamellbonbons ins Eis

2 TL Margarine
130 g heller Roh-Rohrzucker
300 ml Sojasahne
450 ml Sojadrink
1 knapp gestrichener TL Johannisbrotkernmehl

- Die Margarine in einen kleinen Topf geben und bei knapp mittlerer Temperatur zum Schmelzen bringen.
- Den Zucker einrühren, die Temperatur nur leicht auf mittlere Temperatur erhöhen und die Zuckermasse so lange erhitzen, bis der Zucker karamellisiert und goldbraun ist. Dabei so wenig wie möglich rühren, stattdessen den Topf lieber ein paarmal auf der Herdplatte drehen sowie kurz vom Herd nehmen und ein wenig schwenken. Dabei nicht die Geduld verlieren und auf keinen Fall die Temperatur erhöhen! Bis der Zucker bei mittlerer Temperatur richtig karamellisiert, kann es gut 5 Minuten dauern. Darauf achten, dass der Zucker nicht zu braun wird, weil er dann bitter schmeckt und das Karamell verdorben ist.
- Sobald der Zucker karamellisiert ist, die Sojasahne hinzufügen. Beim Eingießen der Sahne werden sich Karamellklümpchen bilden, die sich jedoch bei weiterem Erhitzen und Rühren wieder auflösen.
- Sobald eine feine, goldbraun glänzende Karamellcreme entstanden ist, den Topf vom Herd nehmen und die Karamellcreme auf Raumtemperatur abkühlen lassen.
- Die abgekühlte Karamellcreme mit dem Sojadrink vermischen.
- Das Johannisbrotkernmehl durch ein feines Sieb dazugeben und gründlich unterrühren.
- Die Eismasse in den Gefrierbehälter der Eismaschine füllen und nach Anweisung des Herstellers zu Eis gefrieren lassen.

Achtung: *Falls Sie in der Herstellung von Karamell noch nicht so geübt sind, sollten Sie unbedingt darauf achten, einen möglichst hellen Roh-Rohrzucker zu verwenden. Je heller der verwendete Zucker ist, desto besser können Sie erkennen, wann der Zucker perfekt karamellisiert ist.*

Zubereitungszeit: *15 Minuten (ohne die Abkühlzeit der Karamellcreme)*
Gefrierzeit: *40 Minuten*

Lavendeleis

Schmeckt nach Sommer, Sonne und Südfrankreich

400 ml Sojadrink
140 g Roh-Rohrzucker
10 Lavendelblütenzweige
300 ml Sojasahne
4 EL frisch gepresster Zitronensaft
3 EL mildes Olivenöl
3 – 4 MSP fein abgeriebene Zitronenschale
1 TL Johannisbrotkernmehl

- Den Sojadrink mit dem Zucker in einen Topf geben.
- Die Lavendelblüten von den Zweigen abzupfen und ebenfalls in den Topf geben.
- Alles unter gelegentlichem Rühren kurz aufkochen lassen. Den Topf vom Herd nehmen, den Deckel auflegen und den Sojadrink 4 – 5 Stunden ziehen lassen.
- Den aromatisierten Sojadrink durch ein feines Sieb geben und die Flüssigkeit auffangen.
- Den Lavendel-Sojadrink mit der Sojasahne, dem Zitronensaft, Olivenöl und der Zitronenschale verrühren.
- Das Johannisbrotkernmehl durch ein feines Sieb dazugeben und gründlich unterrühren.
- Die Eismasse in den Gefrierbehälter der Eismaschine füllen und nach Anweisung des Herstellers zu Eis gefrieren lassen.

Zubereitungszeit: *15 Minuten*
(ohne die Zeit zum Aromatisieren des Sojadrinks)
Gefrierzeit: *40 Minuten*

Mandeleis

Mehr Mandel geht nicht

150 g Mandeln
400 ml kochend heißes Wasser
400 ml Mandelmilch
150 ml Mandellikör (Amaretto)
60 ml Agavendicksaft
5 EL Mandelmus
2 EL Mandelöl oder Sonnenblumenöl
1 MSP feines Meersalz

- Die Mandeln mit dem Wasser übergießen und 15 – 20 Minuten darin quellen lassen.
- Die Mandeln in ein Sieb geben, abtropfen lassen und die Häutchen abziehen.
- Die gehäuteten Mandeln mit der Mandelmilch in den Mixbehälter der Küchenmaschine oder den Standmixer geben und gründlich pürieren, bis eine feine Creme entstanden ist.
- Die verbliebenen Zutaten hinzufügen und alles fein cremig pürieren.
- Die Eismasse in den Gefrierbehälter der Eismaschine füllen und nach Anweisung des Herstellers zu Eis gefrieren lassen.

Zubereitungszeit: *40 Minuten*
(davon 20 Minuten für das Einweichen der Mandeln)
Gefrierzeit: *40 Minuten*

Tipp

Wenn Sie auf den Alkohol verzichten möchten, können Sie statt des Mandellikörs Mandelsirup verwenden. Da der Mandelsirup jedoch süßer als der Mandellikör ist, reichen bei dieser Zubereitungsvariante 30 Milliliter Agavendicksaft zum Süßen aus. Falls Sie weder Mandellikör noch Mandelsirup im Haus haben, fügen Sie der Eismasse einfach zusätzliche 150 Milliliter Mandelmilch hinzu.
Noch mehr Mandelgenuss entsteht, wenn Sie das servierfertige Mandeleis mit vier Esslöffel Mandelkrokant (siehe Seite 161) überstreuen.

Mango-Cashew-Eis

Einfach cremig, fruchtig, lecker

125 g Cashewnüsse
500 ml kochend heißes Wasser
300 ml Sojadrink
350 g Fruchtfleisch einer reifen Mango
55 g Roh-Rohrzucker
Saft einer Limette
1 Vanilleschote

- Die Cashewnüsse mit dem Wasser übergießen und 5 Stunden oder auch über Nacht darin quellen lassen.
- Die Cashewnüsse in ein Sieb geben und mit klarem Wasser abspülen. Danach gut abtropfen lassen.
- Den Sojadrink mit den Cashewnüssen in den Mixbehälter der Küchenmaschine oder in den Standmixer geben und fein cremig pürieren.
- Das Mangofruchtfleisch, den Zucker, Limettensaft und das ausgekratzte Mark der Vanilleschote hinzufügen und alles zu einer feinen Creme pürieren.
- Die Eismasse in den Gefrierbehälter der Eismaschine füllen und nach Anweisung des Herstellers zu Eis gefrieren lassen.

Zubereitungszeit: *15 Minuten*
(ohne die Zeit für das Einweichen der Cashewnüsse)
Gefrierzeit: *40 Minuten*

Marzipan-Carob-Eis

Feines Marzipanaroma zum Löffeln

200 g Marzipanrohmasse
300 ml Sojadrink
200 ml Sojasahne
60 ml Agavendicksaft
4 EL Carobpulver
1 MSP feines Meersalz
1 TL Johannisbrotkernmehl

- Die Marzipanrohmasse grob hacken und mit dem Sojadrink in ein hochwandiges Rührgefäß geben.
- Das Marzipan und den Sojadrink mit dem Pürierstab zu einer feinen, glatten Creme pürieren.
- Die Sojasahne, den Agavendicksaft, das Carobpulver und Salz hinzufügen und nochmals pürieren.
- Das Johannisbrotkernmehl durch ein feines Sieb dazugeben und alles nochmals gründlich pürieren.
- Die Eismasse in den Gefrierbehälter der Eismaschine füllen und nach Anweisung des Herstellers zu Eis gefrieren lassen.

Zubereitungszeit: *10 Minuten*
Gefrierzeit: *40 Minuten*

Mocha-Paranuss-Eis

Himmlische Versuchung für alle Kaffeefreunde

160 g Paranusskerne
2 leicht gehäufte TL lösliches Kaffeepulver
100 ml kochend heißes Wasser
300 ml Sojadrink
60 ml Ahornsirup
4 EL Roh-Rohrpuderzucker
2 TL ungesüßtes Kakaopulver
1 MSP feines Meersalz
3 – 4 MSP gemahlene Bourbonvanille
200 ml Sojasahne
1 TL Johannisbrotkernmehl

- Die Paranusskerne in der trockenen Pfanne kurz anrösten, bis sie duften. Vor der Weiterverarbeitung abkühlen lassen.
- Etwa 60 Gramm der Paranusskerne mittelfein hacken und beiseite legen.
- Das Kaffeepulver im heißen Wasser durch Rühren auflösen.
- Den Kaffee mit den verbliebenen Paranusskernen, dem Sojadrink, Ahornsirup, Puderzucker, Kakaopulver, Salz und dem Vanillepulver in den Mixbehälter der Küchenmaschine oder in den Standmixer geben. Alles zu einer feinen, glatten Creme pürieren.
- Die Sojasahne kurz unterrühren.
- Das Johannisbrotkernmehl durch ein feines Sieb dazugeben und alles nochmals kurz pürieren.
- Die Eismasse in den Gefrierbehälter der Eismaschine füllen und nach Anweisung des Herstellers zu Eis gefrieren lassen.
- Etwa 10 Minuten vor Ende der Gefrierzeit die gehackten Paranusskerne hinzufügen und von der Eismaschine unterrühren lassen oder kurz von Hand unterrühren.

Zubereitungszeit: *15 Minuten (ohne die Abkühlzeit der Paranusskerne)*
Gefrierzeit: *40 Minuten*

Quitteneis mit Kokos

Besonderer kulinarischer Auftritt der gelben Herbstboten

300 g gewaschene und entkernte Quitten
Saft einer halben kleinen Zitrone
100 ml naturtrüber Apfelsaft
75 g Roh-Rohrzucker
1 Zimtstange
1 Stück Sternanis
400 ml Kokosmilch
3 EL Ahornsirup
½ TL Johannisbrotkernmehl

- Die Quitten mittelfein würfeln und mit dem Zitronensaft, Apfelsaft, Zucker und der Zimtstange sowie dem Sternanis in einen Topf geben.
- Alles unter Rühren kurz zum Kochen bringen, dann die Temperatur deutlich reduzieren und die Quitten unter gelegentlichem Rühren so lange köcheln lassen, bis sie weich sind.
- Die Zimtstange und den Sternanis entfernen.
- Die Quittenzubereitung etwas abkühlen lassen und mit dem Pürierstab gründlich pürieren.
- Das Quittenmus durch ein Passiersieb streichen und abkühlen lassen.
- Die Kokosmilch mit dem Quittenmus und dem Ahornsirup verrühren.
- Das Johannisbrotkernmehl durch ein feines Sieb dazugeben und alles nochmals gründlich pürieren.
- Die Eismasse in den Gefrierbehälter der Eismaschine füllen und nach Anweisung des Herstellers zu Eis gefrieren lassen.

Zubereitungszeit: *35 Minuten (ohne die Abkühlzeit der Quitten)*
Gefrierzeit: *40 Minuten*

Schokoeis

Durch Cashewnüsse besonders sahnig und cremig

100 g Cashewnüsse
400 ml kochend heißes Wasser
500 ml Sojadrink
75 g Roh-Rohrpuderzucker
2 EL ungesüßtes Kakaopulver
1 MSP feines Meersalz
125 g Zartbitterschokolade
1 ¹/₂ TL Johannisbrotkernmehl

- Die Cashewnüsse mit dem Wasser übergießen und etwa 5 Stunden oder auch über Nacht darin quellen lassen.
- Die Cashewnüsse in ein Sieb geben, mit klarem Wasser abspülen und abtropfen lassen.
- Sojadrink, Puderzucker, Kakaopulver und Salz mit den Cashewnüssen in den Mixbehälter der Küchenmaschine oder den Standmixer geben und alles fein cremig pürieren.
- Die Schokolade im Wasserbad schmelzen und 2 – 3 Minuten abkühlen lassen, danach ebenfalls in den Mixbehälter geben.
- Das Johannisbrotkernmehl durch ein feines Sieb dazugeben und alles nochmals gründlich pürieren.
- Die Eismasse in den Gefrierbehälter der Eismaschine füllen und nach Anweisung des Herstellers zu Eis gefrieren lassen.

Zubereitungszeit: *10 Minuten*
(ohne die Zeit für das Einweichen der Cashewnüsse)
Gefrierzeit: *40 Minuten*

Schokoeis mit Kakaonibs

Lieblingseis mit »Biss«

100 g Roh-Rohrzucker
100 ml Wasser
400 ml Sojasahne
3 EL ungesüßtes Kakaopulver
1 TL Johannisbrotkernmehl
150 g Zartbitterschokolade
4 EL Kakaonibs (siehe Seite 29)

- Den Zucker mit dem Wasser in einen kleinen Topf geben und unter Rühren zum Kochen bringen. So lange kochen und rühren, bis sich der Zucker komplett aufgelöst hat. Den Topf vom Herd nehmen und die Zuckerlösung abkühlen lassen.
- Fünf Esslöffel von der Sojasahne abnehmen und gründlich mit dem Kakaopulver und Johannisbrotkernmehl verrühren. Mit der verbliebenen Sojasahne und der abgekühlten Zuckerlösung in ein hochwandiges Rührgefäß geben.
- Die Schokolade im Wasserbad vorsichtig schmelzen und 2 – 3 Minuten abkühlen lassen. Danach die geschmolzene Schokolade ebenfalls in das Rührgefäß geben. Alles mit dem Pürierstab pürieren, bis eine glatte Creme entstanden ist.
- Die Eismasse in den Gefrierbehälter der Eismaschine füllen und nach Anweisung des Herstellers zu Eis gefrieren lassen.
- Etwa 10 Minuten vor Ende der Gefrierzeit die Kakaonibs hinzufügen und von der Eismaschine unterrühren lassen oder kurz von Hand unterrühren.

Zubereitungszeit: *15 Minuten (ohne die Abkühlzeit der Zuckerlösung)*
Gefrierzeit: *40 Minuten*

Superfixes cremiges Erdbeereis

Erdbeergenuss quasi im Handumdrehen

2 Bananen
300 g tiefgekühlte Erdbeeren (selbst eingefroren oder Tiefkühlware)
200 ml Sojadrink
3 EL Erdbeer- oder Grenadinesirup
3 – 4 EL Roh-Rohrpuderzucker

- Die Bananen schälen, in Scheiben schneiden und auf ein Tablett oder einen flachen Teller legen. Mindestens 12 Stunden einfrieren.
- Zur Eiszubereitung die Erdbeeren und Bananen aus dem Tiefkühlgerät nehmen und etwa 15 Minuten antauen lassen.
- Mit den verbliebenen Zutaten in den Mixbehälter der Küchenmaschine oder in den Standmixer geben.
- Alles zu einem fein cremigen Eis pürieren.

Zubereitungszeit: *5 Minuten (ohne Antauzeit der Früchte)*
Gefrierzeit für die Bananen: *mindestens 12 Stunden*

Tipp

Wenn Sie nach dem Pürieren noch vier Esslöffel fein geraspelte Zart-bitterschokolade unterrühren, haben Sie im Handumdrehen ein Erd-beer-Stracciatella-Eis zubereitet.

Vanilleeis auf die Schnelle

So einfach – so lecker!

350 ml Sojadrink
250 ml Sojasahne
3 – 4 EL Roh-Rohrpuderzucker
2 Päckchen Bourbonvanillezucker
2 – 3 MSP gemahlene Bourbonvanille
1 TL Johannisbrotkernmehl
2 EL flüssiges natives Kokosöl

- Den Sojadrink und die Sojasahne mit dem Puderzucker, dem Vanillezucker und dem Vanillepulver in ein hochwandiges Rührgefäß geben.
- Alles kurz mit dem Pürierstab bearbeiten, bis sich der Zucker aufgelöst hat.
- Das Johannisbrotkernmehl durch ein feines Sieb hinzufügen und alles nochmals gründlich pürieren.
- Das Kokosöl unterrühren.
- Die Eismasse in den Gefrierbehälter der Eismaschine füllen und nach Anweisung des Herstellers zu Eis gefrieren lassen.

Zubereitungszeit: 5 Minuten
Gefrierzeit: 40 Minuten

Tipp

Einen feinen, zartherben Hauch von Schoko erhält dieses schnell zusammengerührte Vanilleeis, wenn Sie etwa 10 Minuten vor Ende der Gefrierzeit fünf Esslöffel Kakaonibs (siehe Seite 29) hinzufügen und von der Eismaschine unterrühren lassen oder kurz von Hand unterrühren. Sollten Sie kein Kokosöl im Haus haben, können Sie stattdessen auch Sonnenblumenöl oder Distelöl verwenden.

Vanilleeis mit einem Hauch von Kokos

Zergeht sahnig cremig auf der Zunge

350 ml Sojadrink
2 EL Roh-Rohrzucker
1 Vanilleschote
400 ml Kokosmilch
3 – 4 EL Agavendicksaft
1 ½ TL Johannisbrotkernmehl

- Den Sojadrink mit dem Zucker in einen Topf geben.
- Die Vanilleschote auskratzen und das Mark sowie die Schote ebenfalls in den Topf geben.
- Alles unter Rühren kurz aufkochen, dann den Topf vom Herd nehmen und die Flüssigkeit auf Raumtemperatur abkühlen lassen.
- Die Vanilleschote entfernen und die Kokosmilch sowie den Agavendicksaft einrühren.
- Das Johannisbrotkernmehl durch ein feines Sieb dazugeben.
- Alles kurz mit dem Pürierstab bearbeiten, bis alles gut vermischt ist.
- Die Eismasse in den Gefrierbehälter der Eismaschine füllen und nach Anweisung des Herstellers zu Eis gefrieren lassen.

Zubereitungszeit: *15 Minuten*
(ohne die Abkühlzeit des aromatisierten Sojadrinks)
Gefrierzeit: *40 Minuten*

Tipp

Einen feinen Hauch von Mandel und Kokos erhält das Vanilleeis, wenn Sie den Sojadrink durch Mandelmilch ersetzen.

Sojajoghurteis

Aprikosen-Joghurt-Eis mit Mandeln

Perfekte Sommerharmonie

80 g Mandeln
400 g halbierte und entsteinte Aprikosen
5 – 6 EL Roh-Rohrzucker
1 – 2 EL frisch gepresster Limettensaft
400 g Sojajoghurt
1 – 2 Tropfen Bittermandelaroma

- Die Mandeln im Mixbehälter der Küchenmaschine oder im Standmixer sehr fein zerkleinern.
- Die Aprikosen, den Zucker und Limettensaft hinzufügen und so lange mixen, bis die Aprikosen fein püriert sind.
- Den Sojajoghurt und das Bittermandelaroma hinzufügen und alles nochmals gründlich pürieren, bis eine glatte Creme entstanden ist.
- Die Eismasse in den Gefrierbehälter der Eismaschine füllen und nach Anweisung des Herstellers zu Eis gefrieren lassen.

Zubereitungszeit: *10 Minuten*
Gefrierzeit: *40 Minuten*

Birnen-Joghurt-Eis mit Cranberrys

Herrliche Erfrischung für Spätsommertage

350 g geschälte und entkernte Birnen
400 g Sojajoghurt
4 EL Roh-Rohrpuderzucker
2 TL Bourbonvanillezucker
3 EL frisch gepresster Zitronensaft
1 TL Johannisbrotkernmehl
4 EL fein gehackte getrocknete Cranberrys

- Die Birnen grob würfeln. Mit dem Sojajoghurt, Puderzucker, Vanillezucker und Zitronensaft in ein hochwandiges Rührgefäß geben und mit dem Pürierstab fein cremig pürieren.
- Das Johannisbrotkernmehl durch ein feines Sieb dazugeben und alles nochmals gründlich pürieren.
- Die Eismasse in den Gefrierbehälter der Eismaschine füllen und nach Anweisung des Herstellers zu Eis gefrieren lassen.
- Etwa 10 Minuten vor Ende der Gefrierzeit die Cranberrys hinzufügen und von der Eismaschine unterrühren lassen oder kurz von Hand unterrühren.

Zubereitungszeit: *10 Minuten*
Gefrierzeit: *40 Minuten*

Brombeer-Joghurt-Eis mit Cassis

Schwarze Früchtchen frisch herausgeputzt

350 g geputzte Brombeeren (frisch oder tiefgekühlt und leicht angetaut)
70 g Roh-Rohrpuderzucker
1 Päckchen Bourbonvanillezucker
2 EL frisch gepresster Limettensaft
400 g Sojajoghurt
90 ml Cassis (Likör aus schwarzen Johannisbeeren)
  ersatzweise Cassissirup

- Die Brombeeren mit dem Puderzucker, Vanillezucker und Limettensaft in ein hochwandiges Rührgefäß geben und mit dem Pürierstab gründlich pürieren.
- Den Sojajoghurt und Cassis hinzufügen und nochmals gründlich pürieren, bis eine glatte Creme entstanden ist.
- Die Eismasse in den Gefrierbehälter der Eismaschine füllen und nach Anweisung des Herstellers zu Eis gefrieren lassen.

Zubereitungszeit: *10 Minuten*
Gefrierzeit: *40 Minuten*

Tipp

Wenn Sie den Likör durch Cassissirup ersetzen, können Sie, da der Sirup sehr süß ist, die im Rezept angegebene Menge des Puderzuckers um die Hälfte reduzieren, also insgesamt nur 35 Gramm Puderzucker verwenden.

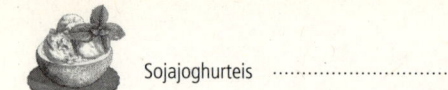

Fixes Vanille-Joghurt-Eis

Vanilleeis auf leichte Art

600 g Sojajoghurt
100 ml Sojasahne
90 ml Agavendicksaft
2 Päckchen Bourbonvanillezucker
3 – 4 MSP gemahlene Bourbonvanille
1 MSP feines Meersalz

- Den Sojajoghurt mit der Sahne, den Süßungsmitteln und den Gewürzen in einer Schüssel verrühren.
- Die Eismasse in den Gefrierbehälter der Eismaschine füllen und nach Anweisung des Herstellers zu Eis gefrieren lassen.

Zubereitungszeit: *5 Minuten*
Gefrierzeit: *40 Minuten*

Tipp

Das Eis gelingt noch schneller, wenn Sie den Sojajoghurt und die Sojasahne vor der Verwendung etwa 15 Minuten in das Tiefkühlgerät geben. Dann können Sie das Eis schon in knapp 30 Minuten löffeln.

Grapefruit-Joghurt-Eis

Ein Gaumen- und Augenschmaus

2 rosa Grapefruits
300 g Sojajoghurt
100 ml Sojasahne
120 ml Agavendicksaft
3 – 4 MSP gemahlene Bourbonvanille
3 knapp gestrichene TL Johannisbrotkernmehl
4 Blätter Minze oder Zitronenmelisse zum Garnieren

- Die Grapefruits halbieren und die Kerne entfernen.
- Das Fruchtfleisch vorsichtig aus den Grapefruithälften herausschneiden und danach grob würfeln (bitte darauf achten, dass die Grapefruithälften unversehrt bleiben). Den dabei entstehenden Saft auffangen.
- Das Grapefruitfruchtfleisch und den Saft sowie den Sojajoghurt, die Sojasahne, den Agavendicksaft und das Vanillepulver in ein hochwandiges Rührgefäß geben.
- Alles mit dem Pürierstab fein cremig pürieren.
- Das Johannisbrotkernmehl durch ein feines Sieb dazugeben und nochmals kurz pürieren.
- Die Eismasse in den Gefrierbehälter der Eismaschine füllen und nach Anweisung des Herstellers zu Eis gefrieren lassen.
- Das Eis zum Servieren in die Grapefruithälften füllen und mit der Minze oder Zitronenmelisse garniert servieren.

Zubereitungszeit: *15 Minuten*
Gefrierzeit: *40 Minuten*

Johannisbeer-Joghurt-Eis

Bringt mediterranes Flair

250 g geputzte und entstielte rote Johannisbeeren
5 – 6 EL Roh-Rohrpuderzucker
1 Banane
300 g Sojajoghurt
100 ml Sojasahne
2 EL mildes Olivenöl
1 TL rote Balsamicocreme
½ knapp gestrichener TL Guarkernmehl

- Die Johannisbeeren mit dem Puderzucker in ein hochwandiges Rührgefäß geben und mit dem Pürierstab gründlich pürieren.
- Die pürierten Johannisbeeren durch ein Passiersieb streichen und das Johannisbeermark auffangen.
- Das Johannisbeermark mit der geschälten und in Scheiben geschnittenen Banane sowie mit dem Sojajoghurt, der Sojasahne, dem Olivenöl und der Balsamicocreme in das Rührgefäß geben.
- Alles mit dem Pürierstab zu einer feinen Creme pürieren.
- Das Guarkernmehl durch ein feines Sieb dazugeben und alles nochmals kurz pürieren.
- Die Eismasse in den Gefrierbehälter der Eismaschine füllen und nach Anweisung des Herstellers zu Eis gefrieren lassen.

Zubereitungszeit: *15 Minuten*
Gefrierzeit: *40 Minuten*

Kirsch-Joghurt-Eis mit Balsamicocreme

Kirschgenuss auf italienische Art

400 g entsteinte rote Süßkirschen
300 g Sojajoghurt
5 – 6 EL Roh-Rohrpuderzucker
100 ml Kokosmilch
¹/₃ TL Guarkernmehl
2 EL rote Balsamicocreme
2 EL mildes Olivenöl

- Die Kirschen mit dem Sojajoghurt, Puderzucker und der Kokosmilch in ein hochwandiges Rührgefäß geben. Alles mit dem Pürierstab fein cremig pürieren.
- Das Guarkernmehl durch ein feines Sieb dazugeben und nochmals kürz pürieren.
- Die Balsamicocreme und das Olivenöl unterrühren.
- Die Eismasse in den Gefrierbehälter der Eismaschine füllen und nach Anweisung des Herstellers zu Eis gefrieren lassen.

Zubereitungszeit: *10 Minuten*
Gefrierzeit: *40 Minuten*

Kiwi-Joghurt-Eis

Eisgenuss in Grün

100 g Roh-Rohrzucker
100 ml Wasser
6 reife Kiwis
400 g Sojajoghurt
2 EL frisch gepresster Zitronensaft
3 – 4 MSP fein abgeriebene Zitronenschale

- Den Zucker und das Wasser in einen Topf geben und so lange unter Rühren erhitzen, bis sich der Zucker aufgelöst hat.
- Die geschälten und grob gewürfelten Kiwis ebenfalls in den Topf geben und alles unter Rühren zum Kochen bringen. Die Kiwis 1 – 2 Minuten kochen, dann den Topf vom Herd nehmen und die Kiwizubereitung abkühlen lassen.
- Die abgekühlte Kiwizubereitung in ein hochwandiges Rührgefäß geben und mit dem Pürierstab fein pürieren.
- Den Sojajoghurt, Zitronensaft und die Zitronenschale hinzufügen und nochmals kurz pürieren.
- Die Eismasse in den Gefrierbehälter der Eismaschine füllen und nach Anweisung des Herstellers zu Eis gefrieren lassen.

Zubereitungszeit: *15 Minuten (ohne die Abkühlzeit der Kiwis)*
Gefrierzeit: *40 Minuten*

Tipp

Falls Sie die dunklen Kiwisamen beim Eisgenuss stören, können Sie die pürierte Kiwizubereitung durch ein feines Sieb streichen, um die Samen aufzufangen und zu entfernen.

Marokkanisches Joghurteis

Verführt mit Granatapfel und Gewürzen aus 1001 Nacht

450 g Sojajoghurt
150 ml Sojasahne
150 ml Granatapfelsaft
80 ml Agavendicksaft
3 EL mildes Olivenöl
1 Päckchen Bourbonvanillezucker
1 TL gemahlener Zimt
3 – 4 MSP gemahlene Bourbonvanille
3 – 4 MSP gemahlene Gewürznelken
3 – 4 MSP gemahlener Kardamom
1 knapp gestrichener TL Guarkernmehl
1 Granatapfel

- Den Sojajoghurt mit der Sojasahne, dem Granatapfelsaft, Agavendicksaft und Olivenöl verrühren.
- Den Vanillezucker, Zimt, Vanille, Gewürznelken und Kardamom hinzufügen und alles gründlich verrühren.
- Das Guarkernmehl durch ein feines Sieb dazugeben und sorgsam unterrühren.
- Die Eismasse in den Gefrierbehälter der Eismaschine füllen und nach Anweisung des Herstellers zu Eis gefrieren lassen.
- Zum Servieren den Granatapfel halbieren und die Kerne mit einem Löffel herauslösen.
- Das Eis auf Dessertschalen verteilen und mit den Granatapfelkernen überstreut servieren.

Zubereitungszeit: *10 Minuten*
Gefrierzeit: *40 Minuten*

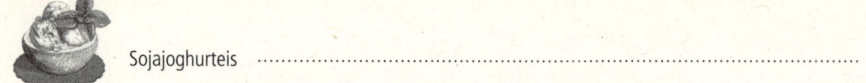
Pflaumen-Joghurt-Eis mit Zimt

Eine köstlich kühle Alternative zu Pflaumenkuchen

400 g entsteinte Pflaumen
400 g Sojajoghurt
1 ¹/₂ EL Speisestärke
100 ml Ahornsirup
1 Päckchen Bourbonvanillezucker
2 EL frisch gepresster Zitronensaft
1 TL gemahlener Zimt

* Die Pflaumen grob zerkleinern und in ein hochwandiges Rührgefäß geben.
* Vom Sojajoghurt fünf Esslöffel abnehmen und mit der Speisestärke verrühren.
* Die angerührte Speisestärke, den Sojajoghurt sowie die verbliebenen Zutaten ebenfalls in das Rührgefäß geben und alles mit dem Pürierstab fein cremig pürieren.
* Die Eismasse in den Gefrierbehälter der Eismaschine füllen und nach Anweisung des Herstellers zu Eis gefrieren lassen.

Zubereitungszeit: *10 Minuten*
Gefrierzeit: *40 Minuten*

Provenzalisches Feigeneis

Frischer Feigengenuss mit südfranzösischer Note

5 frische Feigen (insgesamt etwa 250 g)
3 EL Roh-Rohrpuderzucker
1 Päckchen Bourbonvanillezucker
2 EL frisch gepresster Zitronensaft
3 EL Pastis (französischer Anislikör)
ersatzweise Anissirup
500 g Sojajoghurt
$^{1}/_{2}$ TL Guarkernmehl

- Von den Feigen die Stielansätze abschneiden. Danach die Feigen grob würfeln und mit dem Puderzucker, Zitronensaft und Pastis oder dem Anissirup in ein hochwandiges Rührgefäß geben. Alles mit dem Pürierstab fein cremig pürieren.
- Den Sojajoghurt hinzufügen und alles nochmals gründlich pürieren.
- Das Guarkernmehl durch ein feines Sieb dazugeben und nochmals kurz pürieren.
- Die Eismasse in den Gefrierbehälter der Eismaschine füllen und nach Anweisung des Herstellers zu Eis gefrieren lassen.

Zubereitungszeit: *10 Minuten*
Gefrierzeit: *40 Minuten*

Tipp

Der Pastis oder, in der alkoholfreien Variante, der Anissirup gibt dem Feigeneis das kleine provenzalische »Extra«. Das Eis schmeckt jedoch auch ganz ohne den Zusatz von Anis sehr gut. Besonders lecker schmeckt das Eis, wenn Sie jede Portion mit zwei Esslöffel Mandelkrokant überstreuen. Das Rezept für den Mandelkrokant finden Sie auf Seite 161.

Sommerfrüchte-Joghurt-Eis

So fruchtig cremig schmeckt der Sommer

100 g Cashewnüsse
300 g entsteinte und grob gewürfelte Nektarinen
150 g entsteinte und grob gewürfelte Aprikosen
300 g Sojajoghurt
70 ml Agavendicksaft
4 Blätter Zitronenmelisse (falls vorhanden)
2 – 3 MSP gemahlene Bourbonvanille
3 MSP Guarkernmehl

- Die Cashewnüsse in den Mixbehälter der Küchenmaschine oder den Standmixer geben und fein zerkleinern.
- Die übrigen Zutaten bis auf das Guarkernmehl hinzufügen und alles fein cremig pürieren.
- Das Guarkernmehl durch ein feines Sieb dazugeben und nochmals kurz pürieren.
- Die Eismasse in den Gefrierbehälter der Eismaschine füllen und nach Anweisung des Herstellers zu Eis gefrieren lassen.

Zubereitungszeit: *10 Minuten*
Gefrierzeit: *40 Minuten*

Tipp

Ich verwende am liebsten ungeschältes Obst. Wenn Sie möchten, können Sie für dieses Rezept jedoch auch geschälte Nektarinen verwenden.

Zitroniges Erdbeer-Joghurt-Eis

Erfrischende Abwechslung zum klassischen Erdbeereis

400 g geputzte und halbierte Erdbeeren
5 – 6 EL Roh-Rohrzucker
3 EL frisch gepresster Zitronensaft
2 – 3 MSP fein abgeriebene Zitronenschale
300 g Sojajoghurt
3 – 4 EL Erdbeerkonfitüre

- Alle Zutaten in den Mixbehälter der Küchenmaschine oder in den Standmixer geben und zu einer feinen Creme pürieren.
- Die Eismasse in den Gefrierbehälter der Eismaschine füllen und nach Anweisung des Herstellers zu Eis gefrieren lassen.

Zubereitungszeit: *10 Minuten*
Gefrierzeit: *40 Minuten*

Parfaits

Erdbeerparfait mit Pistazien

Damit können Sie liebe Gäste überraschen

100 g Mandeln
100 g Cashewnüsse
200 g geputzte und halbierte Erdbeeren
100 ml Sojasahne
3 – 4 EL Roh-Rohrzucker
2 ½ EL frisch gepresster Limettensaft
2 – 3 MSP gemahlene Bourbonvanille
1 TL Johannisbrotkernmehl
35 g gehackte grüne Pistazienkerne

- Die Mandeln und Cashewnüsse in den Mixbehälter der Küchenmaschine oder den Standmixer geben und fein zerkleinern.
- Die verbliebenen Zutaten bis auf das Johannisbrotkernmehl und die Pistazien ebenfalls in den Mixbehälter geben und alles fein cremig pürieren.
- Das Johannisbrotkernmehl durch ein feines Sieb dazugeben und alles nochmals kurz pürieren.
- Von den Pistazien einen Esslöffel gehackte Kerne abnehmen und beiseitelegen. Die restlichen Pistazien zur Parfaitmasse geben und unterrühren.
- Vier Förmchen eines Muffinbleches mit Frischhaltefolie auskleiden.
- Das Parfaitmasse auf die Förmchen verteilen und glatt streichen.
- Das gesamte Muffinblech mit Frischhaltefolie abdecken und für etwa 4 Stunden in das Tiefkühlgerät geben.
- Zum Servieren die Parfaitportionen mit den Folien aus den Muffinförmchen heben. Die Parfaitportionen aus den Folien nehmen, auf Dessertteller geben und etwa 15 Minuten antauen lassen.
- Mit den verbliebenen Pistazien überstreuen und genießen.

Zubereitungszeit: *15 Minuten*
Gefrierzeit: *4 Stunden*

Tipp

Wenn Sie die im Rezept angegebenen Mengen verdreifachen, können Sie alle Förmchen eines (zwölfteiligen) Muffinbleches ausfüllen und haben so einen kleinen Vorrat der gekühlten Köstlichkeit im Haus. Das Erdbeerparfait hält sich im Tiefkühlgerät gut 10 Tage.

Apfel-Zimt-Parfait

Köstlich kühler Winterzauber

2 Äpfel
3 – 4 EL frisch gepresster Zitronensaft
3 ½ EL Roh-Rohrzucker
50 ml Wasser
1 TL gemahlener Zimt
2 EL Sonnenblumen-, Distel- oder Rapsöl
2 EL Rum (falls gewünscht)
250 ml gut gekühlte Sojasahne
1 ½ TL Johannisbrotkernmehl
½ knapp gestrichener TL Guarkernmehl
etwas Sonnenblumenöl für die Form

- Die Äpfel schälen, entkernen und sehr fein würfeln. Mit dem Zitronensaft und einem halben Esslöffel Zucker in einen kleinen Topf geben. Kurz unter Rühren zum Kochen bringen, dann die Temperatur reduzieren und das Apfelkompott mit aufgelegtem Deckel unter gelegentlichem Rühren so lange köcheln lassen, bis die Äpfel zerfallen sind.
- Das Apfelkompott vor der Weiterverwendung abkühlen lassen.
- Die verbliebenen drei Esslöffel Zucker mit dem Wasser in einen kleinen Topf geben und unter Rühren aufkochen. Den Topf vom Herd nehmen und die Zuckerlösung abkühlen lassen.
- Die Zuckerlösung mit dem Zimt, dem Öl und Rum zum Apfelkompott geben und alles vorsichtig vermischen.
- Die Sojasahne in ein hochwandiges Rührgefäß geben. Mit dem Handrührgerät kräftig aufschlagen, dabei das Johannisbrotkernmehl und Guarkernmehl jeweils durch ein feines Sieb einrieseln lassen. So lange aufschlagen, bis die Sojasahne eindickt.
- Die aufgeschlagene Sojasahne mit dem Apfelkompott vermischen.
- Das Innere einer flachen, rechteckigen Kunststoffdose mit etwas Sonnenblumenöl ausstreichen.
- Die Parfaitmasse hineingeben und glatt streichen.
- Den Deckel der Kunststoffdose aufsetzen und das Parfait im Tiefkühlgerät etwa 4 Stunden gefrieren lassen.
- Vor dem Servieren das Apfel-Zimt-Parfait 15 – 20 Minuten antauen lassen.
- Mit dem Eisportionierer Kugeln formen und das Parfait servieren.

Zubereitungszeit: *30 Minuten (ohne die Abkühlzeit des Apfelkompotts)*
Gefrierzeit: *4 Stunden*

Tipp

Falls Sie auf den Alkohol verzichten möchten, fügen Sie stattdessen drei bis vier Tropfen Rumaroma sowie einen zusätzlichen Esslöffel Öl hinzu.

Himbeerparfait mit Orange

Rosaroter Genuss

250 g Himbeeren (frisch oder tiefgekühlt und etwas angetaut)
1 große unbehandelte Orange
75 ml Agavendicksaft
1 Päckchen Bourbonvanillezucker
150 ml Kokosmilch
150 ml Sojasahne
3 EL Sonnenblumenöl
2 knapp gestrichene TL Johannisbrotkernmehl

- Die Himbeeren mit dem ausgepressten Saft und der fein abgeriebenen Schale der Orange in ein hochwandiges Rührgefäß geben.
- Den Agavendicksaft und Vanillezucker hinzufügen und alles mit dem Pürierstab zu einer feinen Creme pürieren.
- Die Kokosmilch und Sojasahne sowie das Sonnenblumenöl unterrühren.
- Das Johannisbrotkernmehl durch ein feines Sieb dazugeben und alles nochmals gründlich pürieren.
- Eine flache, rechteckige Kunststoffdose innen mit Frischhaltefolie auskleiden. Das Parfait hineingeben und glatt streichen.
- Den Deckel der Kunststoffdose aufsetzen und das Parfait im Tiefkühlgerät etwa 4 Stunden gefrieren lassen.
- Zum Servieren das Parfait mit der Folie aus der Dose heben und in Scheiben schneiden.
- Die Scheiben auf Dessertteller geben und etwa 15 Minuten antauen lassen.

Zubereitungszeit: *10 Minuten*
Gefrierzeit: *4 Stunden*

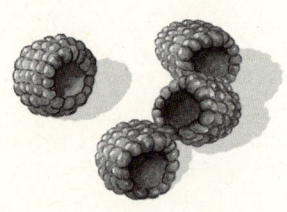

Knuspriges Mokkaparfait
Zum Schlecken und Knabbern

500 ml gut gekühlte Sojasahne
2 TL Bourbonvanillezucker
2 TL Johannisbrotkernmehl
2 TL lösliches Kaffeepulver
2 EL kochend heißes Wasser
4 EL Distelöl
5 EL Ahornsirup
5 EL Kaffee-Walnuss-Krokant (siehe Seite 159)

- Die Sojasahne und den Vanillezucker in ein hochwandiges Rührgefäß geben und mit dem Handrührgerät kurz auf mittlerer Stufe verrühren.
- Das Johannisbrotkernmehl durch ein feines Sieb dazugeben, dabei mit dem Handrührgerät weiterrühren. Danach die Sahnemasse auf der höchsten Stufe des Handrührgerätes weiterbearbeiten, bis sie etwas aufgeschlagen ist.
- Das Kaffeepulver im heißen Wasser auflösen und mit dem Distelöl und Ahornsirup zur Sahnemasse geben.
- Den Kaffee-Walnuss-Krokant unterrühren.
- Die Parfaitmasse in vier kurz mit kaltem Wasser ausgespülte Kaffeetassen (Inhalt etwa 150 Milliliter) geben und glatt streichen.
- Die Tassen mit Frischhaltefolie abdecken und für etwa 4 Stunden in das Tiefkühlgerät geben.
- Zum Servieren die Tassen kurz in eine Schüssel mit heißem Wasser stellen. Dabei jedoch darauf achten, dass kein Wasser auf die Parfaitmasse kommt.
- Das Mokkaparfait auf Dessertteller stürzen und vor dem Servieren etwa 10 Minuten antauen lassen.

***Zubereitungszeit:** 15 Minuten*
(ohne die Zeit für die Zubereitung des Kaffee-Walnuss-Krokants)
***Gefrierzeit:** 4 Stunden*

Tipp

Besonders knusprig schmeckt das Mokkaparfait, wenn Sie jede Portion nach dem Stürzen mit einem zusätzlichen Esslöffel Kaffee-Walnuss-Krokant überstreuen.

Lebkuchenparfait mit Rumrosinen

Ein herrliches Dessert fürs Weihnachtsmenü

100 g Rosinen oder Sultaninen
4 EL Rum
  ersatzweise 4 EL kalter schwarzer Tee mit ein paar Tropfen Rumaroma
100 g altbackene Lebkuchen (ohne Glasur)
400 ml Kokosmilch
100 ml Sojasahne
4 – 5 EL Roh-Rohrzucker
2 TL Johannisbrotkernmehl
1 TL gemahlener Zimt

- Die Rosinen oder Sultaninen mit dem Rum (oder dem aromatisierten Schwarztee) in eine kleine Dose mit Deckel geben und mit aufgelegtem Deckel etwa 60 Minuten ziehen lassen. Dabei gelegentlich wenden.
- Die Lebkuchen im Mixbehälter der Küchenmaschine oder mit einer Reibe fein zerkleinern.
- Die Kokosmilch und Sojasahne mit dem Zucker in ein hochwandiges Rührgefäß geben.
- Mit dem Handrührgerät auf höchster Stufe bearbeiten, dabei das Johannisbrotkernmehl durch ein feines Sieb dazugeben. Die Sahnemasse so lange mit dem Handrührgerät bearbeiten, bis sie eindickt.
- Den Zimt und die geriebenen Lebkuchen unterrühren.
- Die Rosinen oder Sultaninen mit dem Rum oder Tee unterziehen.
- Vier kleine Saftgläser (Inhalt etwa 200 Milliliter) kurz mit kaltem Wasser ausspülen.
- Die Lebkuchenparfaitmasse auf die Gläser verteilen und die Oberflächen glatt streichen.
- Die Gläser mit Frischhaltefolie abdecken und für etwa 4 Stunden in das Tiefkühlgerät geben.
- Zum Servieren die Gläser kurz in eine Schüssel mit heißem Wasser stellen. Dabei jedoch darauf achten, dass kein Wasser auf die Parfaitmasse kommt.
- Das Lebkuchenparfait auf Dessertteller stürzen und vor dem Servieren etwa 10 Minuten antauen lassen.

Zubereitungszeit: *15 Minuten (ohne die Zeit zum Einweichen der Rosinen)*
Gefrierzeit: *4 Stunden*

Limetten-Avocado-Parfait

Limetten kühl und edel in Szene gesetzt

2 reife Avocados
3 unbehandelte Limetten
100 ml Agavendicksaft
100 ml Sojasahne
2 MSP Guarkernmehl

- Die Avocados halbieren und die Kerne entfernen. Das Fruchtfleisch auslöffeln und in ein hochwandiges Rührgefäß geben.
- Von den Limetten einen knapp gestrichenen Teelöffel Schale fein abreiben.
- Die Limetten auspressen.
- Den Limettensaft und die Limettenschale sowie den Agavendicksaft und die Sojasahne zu den Avocados in das Rührgefäß geben. Alles mit dem Pürierstab fein cremig pürieren.
- Das Guarkernmehl durch ein feines Sieb dazugeben und alles nochmals kurz pürieren.
- Die Limetten-Avocado-Parfaitmasse in vier kurz mit kaltem Wasser ausgespülte Tassen (Inhalt etwa 150 Milliliter) geben und glatt streichen.
- Die Tassen mit Frischhaltefolie abdecken und für etwa 4 Stunden in das Tiefkühlgerät geben.
- Zum Servieren die Tassen kurz in eine Schüssel mit heißem Wasser stellen. Dabei jedoch darauf achten, dass kein Wasser auf die Parfaitmasse kommt.
- Das Limetten-Avocado-Parfait auf Dessertteller stürzen und vor dem Servieren etwa 10 Minuten antauen lassen.

Zubereitungszeit: *15 Minuten*
Gefrierzeit: *4 Stunden*

Tipp

Besonders hübsch sieht es aus, wenn Sie das Parfait mit ein paar Limettenzesten garniert servieren.

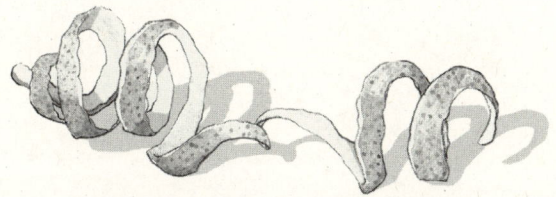

Sahniges Erdbeerparfait

Ein Highlight der viel zu kurzen Erdbeersaison

100 g Cashewnüsse
400 ml kochend heißes Wasser
250 g geputzte und geviertelte Erdbeeren
4 – 5 EL Roh-Rohrpuderzucker
2 EL frisch gepresster Zitronensaft
100 ml Sojasahne
3 EL flüssiges natives Kokosöl
8 schöne Erdbeeren zum Dekorieren

- Die Cashewnüsse mit dem Wasser übergießen und etwa 5 Stunden darin quellen lassen.
- Die Cashewnüsse in ein Sieb geben, kurz mit klarem Wasser abspülen und gut abtropfen lassen.
- Die Erdbeeren mit den Cashewnüssen, dem Puderzucker und Zitronensaft in den Mixbehälter der Küchenmaschine oder den Standmixer geben und pürieren.
- Die Sojasahne hinzufügen und alles nochmals gründlich pürieren, bis eine feine Creme entstanden ist.
- Das Kokosöl hinzufügen und nochmals kurz durchmixen.
- Vier kleine Tassen (Inhalt etwa 150 Milliliter) kurz mit kaltem Wasser ausspülen. Die Erdbeercreme auf die Tassen verteilen und glatt streichen.
- Die Tassen mit Frischhaltefolie abdecken und für etwa 4 Stunden in das Tiefkühlgerät geben.
- Zum Servieren die Tassen kurz in eine Schüssel mit heißem Wasser stellen. Dabei jedoch darauf achten, dass kein Wasser auf die Parfaitmasse kommt.
- Das Erdbeerparfait auf Dessertteller stürzen und vor dem Servieren etwa 10 Minuten antauen lassen.
- Mit den Erdbeeren garnieren und servieren.

Zubereitungszeit: *15 Minuten*
(ohne die Zeit für das Einweichen der Cashewnüsse)
Gefrierzeit: *4 Stunden*

Schoko-Mandel-Parfait

Cremiger Schokogenuss

1 reife Banane
1 Päckchen Bourbonvanillezucker
1 EL Rapsöl
400 ml Kokosmilch
3 EL Mandellikör
    ersatzweise Mandelsirup
3 EL Roh-Rohrpuderzucker
2 EL ungesüßtes Kakaopulver
2 TL Johannisbrotkernmehl
100 g Zartbitterschokolade
4 EL blanchierte und gemahlene Mandeln
2 Kakifrüchte
fein gesiebter Roh-Rohrpuderzucker zum Überstäuben

- Die Banane schälen und in Scheiben schneiden. Zusammen mit dem Vanillezucker und Öl mit dem Handrührgerät schaumig rühren.
- Die Kokosmilch, den Mandellikör oder Mandelsirup, Puderzucker und das Kakaopulver hinzufügen und alles zu einer feinen Creme verrühren.
- Das Johannisbrotkernmehl durch ein feines Sieb dazugeben und alles nochmals gründlich mit dem Handrührgerät verrühren.
- Die Schokolade im Wasserbad schmelzen lassen und zur Kokosmilchcreme geben. Alles zu einer glatten Creme verrühren.
- Die gemahlenen Mandeln unterziehen.
- Eine flache, rechteckige Kunststoffdose innen mit Frischhaltefolie auskleiden. Das Parfait hineingeben und glatt streichen.
- Den Deckel der Kunststoffdose aufsetzen und das Parfait im Tiefkühlgerät etwa 4 Stunden gefrieren lassen.
- Zum Servieren das Parfait mit der Folie aus der Dose heben und in Scheiben schneiden. Die Scheiben auf Dessertteller geben und etwa 15 Minuten antauen lassen.
- Die Kakifrüchte in feine Scheiben schneiden und auf den Tellern verteilen.
- Mit etwas Puderzucker überstäubt servieren.

Zubereitungszeit: *15 Minuten*
Gefrierzeit: *4 Stunden*

Spekulatiusparfait

Alle Jahre wieder wunderbar

125 g Spekulatius
75 g Roh-Rohrzucker
1 ¹/₂ EL Speisestärke
250 ml Sojadrink
¹/₂ Vanilleschote
200 ml Kokosmilch
100 ml Sojasahne

- Die Spekulatius in einen Gefrierbeutel geben. Den Beutel mit einer stabilen Klemme verschließen und die Spekulatius mit einem Nudelholz fein zerkrümeln.
- Den Zucker mit der Speisestärke vermischen. Zucker und die Speisestärke mit der Hälfte des Sojadrinks glatt rühren.
- Die angerührte Zuckermischung, den verbliebenen Sojadrink und das ausgekratzte Mark der Vanilleschote in einen kleinen Topf geben.
- Alles unter ständigem Rühren kurz zum Kochen bringen, bis die Flüssigkeit eindickt.
- Den Topf vom Herd nehmen und die Spekulatiuskrümel einrühren.
- Die Kokosmilch und Sojasahne hinzufügen.
- Alles glatt rühren, den Topf zurück auf den Herd geben und die Parfaitzubereitung nochmals kurz unter Rühren zum Kochen bringen.
- Das Innere einer flachen, rechteckigen Kunststoffdose mit Frischhaltefolie auskleiden.
- Das Parfait hineingeben und glatt streichen. Mit offenem Deckel auf Raumtemperatur abkühlen lassen. Danach den Deckel schließen und das Parfait im Tiefkühlgerät etwa 5 Stunden gefrieren lassen.
- Zum Servieren das Parfait mit der Folie aus der Dose heben und in Scheiben schneiden. Die Parfaitscheiben auf Dessertteller geben und etwa 15 Minuten antauen lassen.

Zubereitungszeit: *15 Minuten (ohne die Abkühlzeit der Parfaitmasse)*
Gefrierzeit: *5 Stunden*

Tipp

Dazu schmecken die Kirsch-Cranberry-Sauce von Seite 168 oder die Zimtpflaumen von Seite 169 besonders köstlich.

Zitronenparfait

Cremig, zitronig, gut

150 ml frisch gepresster Zitronensaft
100 g Roh-Rohrpuderzucker
3 EL natives Kokosöl
300 ml Kokosmilch
100 ml Agavendicksaft
½ TL fein abgeriebene Zitronenschale
½ knapp gestrichener TL Guarkernmehl

- Den Zitronensaft und Puderzucker in einen Topf geben und unter Rühren kurz aufkochen.
- Den Topf vom Herd nehmen. Das Kokosöl einrühren und in der heißen Flüssigkeit schmelzen lassen.
- Danach die Flüssigkeit etwa 15 Minuten abkühlen lassen.
- Die Kokosmilch, den Agavendicksaft und die Zitronenschale hinzufügen und alles zu einer glatten Creme verrühren.
- Das Guarkernmehl durch ein feines Sieb dazugeben und gut mit der Creme verrühren.
- Die Zitronenparfaitmasse in kurz mit kaltem Wasser ausgespülte kleine Förmchen oder Tassen (Inhalt etwa 150 Milliliter) geben und glatt streichen.
- Die Förmchen oder Tassen mit Frischhaltefolie abdecken und für etwa 4 Stunden in das Tiefkühlgerät geben.
- Zum Servieren die Förmchen oder Tassen kurz in eine Schüssel mit heißem Wasser stellen. Dabei jedoch darauf achten, dass kein Wasser auf die Parfaitmasse kommt.
- Das Zitronenparfait auf Dessertteller stürzen und vor dem Servieren etwa 10 Minuten antauen lassen.

Zubereitungszeit: *15 Minuten (ohne die Abkühlzeit des Zitronensirups)*
Gefrierzeit: *4 Stunden*

Tipp

Besonders hübsch sieht es aus, wenn Sie das Parfait mit ein paar Zitronenzesten garniert servieren. Als Beigabe eignen sich besonders die Schottischen Ingwerplätzchen von Seite 163.

Rohkosteis

Brennnessel-Bananen-Eis

Frühjahrskur mal anders

5 Bananen
8 getrocknete und entsteinte weiche Datteln
45 g junge Brennnesselblätter
160 – 180 ml kalte Mandelmilch

- Die Bananen schälen und in Scheiben schneiden. Die Bananenscheiben auf ein Tablett oder einen flachen Teller legen und mindestens 12 Stunden einfrieren.
- Zur Eiszubereitung die Bananen aus dem Tiefkühlgerät nehmen, in den Mixbehälter der Küchenmaschine oder in den Standmixer geben und kurz antauen lassen.
- Die Datteln grob zerkleinern und ebenfalls in den Mixbehälter geben.
- Die Brennnesselblätter waschen, gut abtropfen lassen und grob zerkleinern. Brennnesselblätter sowie die Mandelmilch in den Mixbehälter zu den Bananen geben und alles zu einem fein cremigen Eis pürieren.

Zubereitungszeit: *10 Minuten (ohne die Zeit zum Antauen)*
Gefrierzeit für die Bananen: *12 Stunden*

Tipp

Die Eiszubereitung soll Spaß machen und nicht wehtun. Tragen Sie deshalb sowohl beim Pflücken als auch bei der Verarbeitung der Brennnesseln Haushaltshandschuhe.

83

Cashew-Frucht-Eis

Zarter Schmelz auf ganz natürliche Art

200 g Cashewnüsse
500 ml Wasser
Saft einer Zitrone
3 – 4 EL Agavendicksaft
70 ml Mandelmilch
2 – 3 MSP fein abgeriebene Zitronenschale
Sonnenblumenöl für die Schälchen
1 – 2 EL Roh-Rohrzucker
2 – 3 MSP gemahlene Bourbonvanille
1 Kakifrucht (180 – 200 g)

- Die Cashewnüsse über Nacht im Wasser quellen lassen.
- Die Cashewnüsse in ein Sieb geben, kurz mit klarem Wasser abspülen, dann abtropfen lassen.
- Die Cashewnüsse mit dem Zitronensaft und Agavendicksaft, der Mandelmilch und Zitronenschale in den Mixbehälter der Küchenmaschine oder in den Standmixer geben und alles fein cremig pürieren.
- Vier Schälchen mit etwas Sonnenblumenöl ausstreichen. Zwei Drittel der Cashewcreme aus dem Mixbehälter nehmen und in die Schälchen geben. Danach glatt streichen.
- Den Zucker und das Vanillepulver zum verbliebenen Drittel der Cashewcreme in den Mixbehälter geben.
- Die Kakifrucht mittelfein würfeln und ebenfalls in den Mixbehälter geben. Alles fein cremig pürieren.
- Die Fruchtcreme auf die vier Schälchen verteilen und glatt streichen. Mit Frischhaltefolie abdecken.
- Das Cashew-Frucht-Eis ins Tiefkühlgerät stellen und etwa 4 Stunden einfrieren. Vor dem Servieren etwa 10 Minuten antauen lassen.

Zubereitungszeit: *15 Minuten*
(ohne die Zeit zum Einweichen der Cashewnüsse)
Gefrierzeit: *4 Stunden*

Tipp

Statt der Kaki können Sie andere Früchte, zum Beispiel die gleiche Menge an Beerenfrüchten oder Nektarinen, verwenden.

Karotten-Birnen-Eis

Karottensalat gibt's morgen wieder

4 Karotten
2 Birnen
2 kleine Bananen
8 getrocknete und entsteinte weiche Datteln
300 ml kalte Mandelmilch
1 knapp gestrichener TL gemahlener Zimt

- Die Karotten schälen und in dünne Scheiben schneiden.
- Die Birnen vierteln, entkernen und grob zerkleinern.
- Die Bananen schälen und in Scheiben schneiden.
- Die Karotten und das Obst auf ein Tablett oder einen flachen Teller legen und mindestens 12 Stunden einfrieren.
- Zur Eiszubereitung die Karotten und das Obst aus dem Tiefkühlgerät nehmen, in den Mixbehälter der Küchenmaschine oder in den Standmixer geben und kurz antauen lassen.
- Die Datteln in Scheiben schneiden und mit der Mandelmilch und dem Zimt ebenfalls in den Mixbehälter geben.
- Alles zu einem fein cremigen Eis pürieren.

Zubereitungszeit: *10 Minuten (ohne die Zeit zum Antauen)*
Gefrierzeit für Karotten und Obst: *12 Stunden*

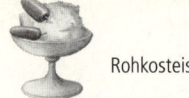

Melonensorbet

Köstlicher Durstlöscher für die nächste Hitzewelle

2 kleine Cantaloupe-, Charentais- oder Galia-Melonen
70 g Sultaninen
Saft einer großen Zitrone
6 große Blätter Zitronenmelisse
5 – 6 EL Agavendicksaft
3 MSP fein abgeriebene Zitronenschale

- Die Melonen halbieren und die Kerne entfernen. Die Melonenhälften in Spalten schneiden und die Schalen entfernen. Das Fruchtfleisch der Melonen grob würfeln und mindestens 12 Stunden einfrieren.
- Zur Eiszubereitung die Sultaninen mit dem Zitronensaft übergießen und unter gelegentlichem Rühren etwa 15 Minuten ziehen lassen.
- Die Melonen aus dem Tiefkühlgerät nehmen, in den Mixbehälter der Küchenmaschine oder den Standmixer geben und kurz antauen lassen.
- Die grob zerkleinerten Blätter der Zitronenmelisse, den Agavendicksaft und die Zitronenschale hinzufügen.
- Alles zu einem cremigen Sorbet pürieren.
- Die Sultaninen und den Zitronensaft unterrühren und das Sorbet servieren.

Zubereitungszeit: *10 Minuten*
(ohne die Zeit zum Einweichen der Sultaninen und Antauen)
Gefrierzeit für die Melonen: *12 Stunden*

Tipp

Sie können das Sorbet geschmacklich noch verfeinern, indem Sie nach dem Pürieren fünf Esslöffel gehackte Mandeln oder fein gehackte geschälte (grüne) Pistazien unterrühren.

Nektarineneis

Versüßt den Sommer

5 Nektarinen
2 kleine Bananen
5 – 6 EL Agavendicksaft
3 EL frisch gepresster Zitronensaft
5 – 6 Blätter Zitronenmelisse

- Die Nektarinen halbieren, entsteinen und würfeln.
- Die Bananen schälen und in Scheiben schneiden.
- Das Obst auf ein Tablett oder einen flachen Teller legen und mindestens 12 Stunden einfrieren.
- Zur Eiszubereitung das Obst aus dem Tiefkühlgerät nehmen, in den Mixbehälter der Küchenmaschine oder in den Standmixer geben und kurz antauen lassen.
- Den Agavendicksaft, Zitronensaft und die grob zerkleinerten Blätter der Zitronenmelisse ebenfalls in den Mixbehälter geben.
- Alles zu einem fein cremigen Eis pürieren.

Zubereitungszeit: *10 Minuten (ohne die Zeit zum Antauen)*
Gefrierzeit für das Obst: *12 Stunden*

Tipp

Falls Sie keine Zitronenmelisse aus dem Garten oder vom Balkon ernten können, lässt sich diese durch Minze ersetzen. Das Nektarineneis schmeckt jedoch auch ohne die Zugabe von Kräutern sehr gut.

Pistazieneis

Grün, grün, grün ist alles, was ich liebe …

5 kleine Bananen
2 kleine, nicht zu reife Avocados
75 g grüne Pistazienkerne
6 getrocknete und entsteinte weiche Datteln
1 Vanilleschote
4 EL Mandelmus
100 ml kalte Mandelmilch
2 EL Pistazienöl oder Kürbiskernöl

- Die Bananen schälen und in Scheiben schneiden.
- Die Avocados halbieren. Die Kerne entfernen und vorsichtig die Schalen der Avocados abziehen. Die Avocados grob würfeln und mit den Bananenscheiben und Pistazien in eine gut verschließbare Kunststoffdose geben. Alles mindestens 12 Stunden einfrieren.
- Zur Eiszubereitung die gefrorenen Bananenscheiben, die Avocadowürfel und Pistazien in den Mixbehälter der Küchenmaschine oder in den Standmixer geben und kurz antauen lassen.
- Die Datteln in Scheiben schneiden.
- Das Mark der Vanilleschote auskratzen und mit den Datteln, dem Mandelmus, der Mandelmilch und dem Öl ebenfalls in den Mixbehälter geben.
- Alles zu einem fein cremigen Eis pürieren.

Zubereitungszeit: *10 Minuten (ohne die Zeit zum Antauen)*
Gefrierzeit für Avocados, Bananen und Pistazien: *12 Stunden*

Tipp

Schön »knackig« wird das Pistazieneis, wenn Sie vor dem Servieren noch vier Esslöffel mittelfein gehackte Pistazien unter das Eis ziehen.

Schoko-Cashew-Eis

Der Klassiker mal anders zubereitet

200 g Cashewnüsse
150 ml Mandelmilch
4 – 5 EL Agavendicksaft
3 EL ungesüßtes Kakaopulver
1 MSP feines Meersalz
Sonnenblumenöl für die Form

- Alle Zutaten bis auf das Sonnenblumenöl in den Mixbehälter der Küchenmaschine oder in den Standmixer geben und zu einer feinen Creme pürieren.
- Die Creme in vier, mit etwas Sonnenblumenöl ausgestrichene Schälchen füllen und glatt streichen.
- Die Schälchen mit Frischhaltefolie abdecken und im Tiefkühlgerät etwa 3 Stunden einfrieren.
- Das Schoko-Cashew-Eis vor dem Servieren etwa 10 Minuten antauen lassen.

Zubereitungszeit: *5 Minuten*
Gefrierzeit: *3 Stunden*

Schoko-Dattel-Eis mit Mandeln

Natürlicher Schokogenuss

5 kleine Bananen
8 – 10 getrocknete und entsteinte weiche Datteln
5 EL Walnusskerne
3 EL ungesüßtes Kakaopulver
150 ml kalte Mandelmilch
4 EL Mandelmus
5 – 6 EL gehackte Mandeln

- Die Bananen schälen und in Scheiben schneiden. Die Bananenscheiben auf ein Tablett oder einen flachen Teller legen und mindestens 12 Stunden einfrieren.
- Zur Eiszubereitung die Bananen aus dem Tiefkühlgerät nehmen, in den Mixbehälter der Küchenmaschine oder in den Standmixer geben und kurz antauen lassen.
- Die Datteln grob zerkleinern und mit den grob gehackten Walnusskernen ebenfalls in den Mixbehälter geben.
- Das Kakaopulver, die Mandelmilch und das Mandelmus hinzufügen.
- Alles zu einem fein cremigen Eis pürieren.
- Die Mandeln unterziehen und das Eis servieren.

Zubereitungszeit: *10 Minuten (ohne die Zeit zum Antauen)*
Gefrierzeit für die Bananen: *12 Stunden*

Schokoroko mit Kakaonibs

Kühler, rohköstlicher Schokogenuss

6 kleine Bananen
8 getrocknete und entsteinte weiche Datteln
100 ml kalte Mandelmilch
4 EL Mandelmus
3 ½ – 4 EL ungesüßtes Kakaopulver
3 MSP gemahlene Bourbonvanille
3 – 4 EL Kakaonibs (siehe Seite 29)

- Die Bananen schälen und in Scheiben schneiden. Die Bananenscheiben auf ein Tablett oder einen flachen Teller legen und mindestens 12 Stunden einfrieren.
- Zur Eiszubereitung die Bananen aus dem Tiefkühlgerät nehmen, in den Mixbehälter der Küchenmaschine oder in den Standmixer geben und kurz antauen lassen.
- Die Datteln grob zerkleinern und mit der Mandelmilch, dem Mandelmus, Kakaopulver und dem Vanillepulver ebenfalls in den Mixbehälter der Küchenmaschine oder in den Standmixer geben.
- Alles zu einem fein cremigen Eis pürieren.
- Die Kakaonibs sorgfältig unterrühren und das Eis servieren.

Zubereitungszeit: *10 Minuten (ohne die Zeit zum Antauen)*
Gefrierzeit für die Bananen: *12 Stunden*

Spätsommertrio mit Zimt

Perfekt für sonnige Septembertage

2 kleine reife Birnen
300 g entsteinte Zwetschgen
200 g grüne Trauben ohne Kerne
5 – 6 EL Agavendicksaft
2 EL frisch gepresster Zitronensaft
½ TL gemahlener Zimt

- Die Birnen vierteln, entkernen und in Würfel schneiden.
- Die Zwetschgen vierteln. Die Trauben halbieren.
- Das Obst auf ein Tablett oder einen flachen Teller legen und mindestens 12 Stunden einfrieren.
- Zur Eiszubereitung das Obst in den Mixbehälter der Küchenmaschine oder in den Standmixer geben und kurz antauen lassen.
- Den Agavendicksaft, Zitronensaft und Zimt hinzufügen.
- Alles zu einem cremigen Eis pürieren.

Zubereitungszeit: *10 Minuten (ohne die Zeit zum Antauen)*
Gefrierzeit für das Obst: *12 Stunden*

Tipp

Statt grüner Trauben können Sie auch blaue Trauben verwenden. Diese sollten allerdings ebenfalls ohne Kerne sein, weil diese im Eis bitter herausschmecken können.

Tomaten-Nektarinen-Sorbet

Cooles Crossover aus Früchten und Gemüse

4 Tomaten
5 große Nektarinen
5 große Salbeiblätter
5 – 6 EL Agavendicksaft
4 EL Roh-Rohrzucker
3 EL roter Balsamessig

- Die Tomaten grob würfeln.
- Die Nektarinen entsteinen und ebenfalls grob würfeln.
- Die Tomaten und Nektarinen auf ein Tablett oder einen flachen Teller legen und mindestens 12 Stunden einfrieren.
- Zum Zubereiten des Sorbets die Nektarinen und Tomaten in den Mixbehälter der Küchenmaschine oder in den Standmixer geben und kurz antauen lassen.
- Die Salbeiblätter grob zerkleinern und mit den verbliebenen Zutaten ebenfalls in den Mixbehälter geben.
- Alles zu einem cremigen Sorbet pürieren.

Zubereitungszeit: 10 Minuten (ohne die Zeit zum Antauen)
Gefrierzeit für Tomaten und Nektarinen: 12 Stunden

Eishäppchen, Eiskonfekt und Eistörtchen

Beschwipstes Schokoeiskonfekt

Bei großen Kindern beliebt

für etwa 14 Stück (aus dem Eiswürfelbehälter)

100 g natives Kokosöl
100 g Zartbitterschokolade
2 EL Triple Sec Orangenlikör
2 – 3 MSP fein abgeriebene Orangenschale
100 g fein gesiebter Roh-Rohrpuderzucker
1 Päckchen Bourbonvanillezucker
1 EL ungesüßtes Kakaopulver
1 MSP feines Meersalz

- Das Kokosöl und die Zartbitterschokolade im Wasserbad zum Schmelzen bringen.
- Den Orangenlikör und die Orangenschale dazugeben und unterrühren.
- Den Puderzucker mit dem Vanillezucker, Kakaopulver und Salz verrühren.
- Alles zur Schokoladenmasse geben und zu einer feinen, glatten Creme verrühren.
- Die Schokocreme zügig in die Kammern eines Eiswürfelbehälters füllen und in den **Kühlschrank** stellen.
- Das Schokoeiskonfekt ist in etwa 2 Stunden servierbereit. Dazu das Eiskonfekt wie Eiswürfel aus den Kammern des Eiswürfelbehälters drücken.

Zubereitungszeit: *10 Minuten*
Kühlzeit: *2 Stunden*

Tipp

Besonders hübsch sieht es aus, wenn Sie die Schokoladenmasse zum Abkühlen und Erstarren in kleine bunte Pralinenkapseln aus Papier oder Silikon füllen. Sie können das Schokoeiskonfekt nach Belieben anders aromatisieren, indem Sie die Orangenschale durch zum Beispiel etwas Zimt, Kardamom oder Lebkuchengewürz ersetzen.

Alkoholfrei wird das Schokoeiskonfekt, wenn Sie statt des Orangenlikörs Orangenblütenwasser oder Sirup wie zum Beispiel Haselnusssirup, Pfefferminzsirup oder Karamellsirup verwenden.

Das Eiskonfekt schmeckt jedoch auch »pur«, also ohne den Likör (beziehungsweise Sirup) und die Orangenschale sehr lecker.

Birnen-Joghurt-Häppchen

Damit lassen sich auch Obstmuffel überzeugen

für 4 Häppchen (in kleinen Kunststoffdosen zu jeweils 100 Milliliter)

2 kleine reife Birnen
150 g Sojajoghurt
2 EL Agavendicksaft oder Ahornsirup
2 TL Bourbonvanillezucker
2 MSP gemahlener Zimt
3 MSP Guarkernmehl

- Die Birnen entkernen, schälen und würfeln.
- Die Birnen mit den verbliebenen Zutaten bis auf das Guarkernmehl in ein hochwandiges Rührgefäß geben.
- Alles mit dem Pürierstab zu einer feinen Creme pürieren.
- Das Guarkernmehl durch ein feines Sieb dazugeben und nochmals gründlich pürieren.
- Die Joghurtcreme in kurz mit kaltem Wasser ausgespülte kleine Kunststoffdosen (Inhalt etwa 100 Milliliter) geben und glatt streichen.
- Die Kunststoffdosen mit Deckeln oder Frischhaltefolie verschließen, in das Tiefkühlgerät geben und das Eis etwa 3 Stunden gefrieren lassen.
- Zum Servieren die Böden der Kunststoffdosen kurz mit heißem Wasser abspülen oder die Dosen kurz in eine Schüssel mit heißem Wasser stellen. Darauf achten, dass die Eismasse nicht mit dem Wasser in Berührung kommt.
- Die Birnen-Joghurt-Häppchen auf Dessertteller stürzen, noch 10 Minuten antauen lassen und servieren.

Zubereitungszeit: *10 Minuten*
Gefrierzeit: *3 Stunden*

Tipp ··

Ich verwende zum Einfrieren dieser Eisspezialität kleine, mit einem Deckel verschließbare Kräuterdosen aus Kunststoff, die es in gut sortierten Supermärkten und im Haushaltswarenhandel zu kaufen gibt. Die Eismasse können Sie auch in Eiswürfelbehälter füllen und damit »Minieis am Stiel« herstellen: Zerschneiden Sie dazu stabile Trinkhalme in etwa fünf Zentimeter lange Stücke und stecken Sie die »Eisstiele« in die Mitte der Eisportionen (siehe Seite 120).

Erdbeer-Mandel-Eiskonfekt

Zart schmelzende Verführung

für etwa 22 Stück (in kleinen Pralinenkapseln)

125 g geputzte und halbierte Erdbeeren
3 EL Mandelmus
3 EL Roh-Rohrpuderzucker
1 MSP feines Meersalz
1/3 TL Guarkernmehl
2 1/2 EL flüssiges natives Kokosöl

- Die Erdbeeren mit dem Mandelmus, Puderzucker und Salz in ein hochwandiges Rührgefäß geben und mit dem Pürierstab fein cremig pürieren.
- Das Guarkernmehl durch ein feines Sieb dazugeben und nochmals kurz pürieren.
- Das Kokosöl unterrühren und die Eiskonfektmasse 5 – 10 Minuten ruhen lassen.
- Die Eiskonfektmasse in kleine Pralinenkapseln aus Papier oder Silikon geben. Pro Portion einen leicht gehäuften Teelöffel verwenden.
- Die Pralinenkapseln auf ein kleines Tablett oder einen flachen Teller geben und ins Tiefkühlgerät stellen.
- Das Erdbeer-Mandel-Eiskonfekt ist nach etwa 60 Minuten servierbereit.

Zubereitungszeit: *15 Minuten*
Gefrierzeit: *60 Minuten*

Espressocreme-Häppchen

Der kleine Schwarze aus dem Eisfach

für 4 Häppchen (in kleinen Tassen oder Espressotassen)

2 ½ TL lösliches Kaffeepulver
50 ml kochend heißes Wasser
2 ½ EL Roh-Rohrpuderzucker
1 MSP feines Meersalz
1 EL natives Kokosöl
1 TL ungesüßtes Kakaopulver
125 ml Kokosmilch
1 MSP gemahlene Bourbonvanille
2 MSP Guarkernmehl
2 TL gehackte Mandeln

- Das Kaffeepulver im heißen Wasser auflösen.
- Den Puderzucker, das Salz und Kokosöl hinzufügen und so lange rühren, bis sich der Zucker aufgelöst hat und das Kokosöl geschmolzen ist.
- Das Kakaopulver hinzufügen und ebenfalls gründlich unterrühren.
- Die Kokosmilch und das Vanillepulver hinzufügen und alles (am besten mit einem kleinen Schneebesen) zu einer glatten Creme verrühren.
- Das Guarkernmehl durch ein feines Sieb dazugeben und gründlich unterrühren.
- Die gehackten Mandeln unter die Espressocreme rühren und auf vier kurz mit kaltem Wasser ausgespülte Espressotassen verteilen.
- Die Tassen mit Frischhaltefolie abdecken und in das Tiefkühlgerät geben.
- Die Espressocreme-Häppchen sind nach etwa 90 Minuten servierbereit und können direkt in den Tassen serviert werden.
- Vor dem Servieren sollten sie jedoch 10 Minuten antauen.

Zubereitungszeit: *10 Minuten*
Gefrierzeit: *90 Minuten*

Tipp ....

Zur Zubereitung der Espressocreme-Häppchen können Sie auch frisch gekochten Espresso verwenden. Um der Creme das notwendige Espressoaroma zu verleihen, muss der frisch gekochte Espresso allerdings sehr stark sein.

Limetten-Kokos-Häppchen

Mit Ingwer fürs gewisse Extra

für etwa 14 Häppchen (aus dem Eiswürfelbehälter)

225 g Kokosmilch
Saft einer Limette
2 MSP fein abgeriebene Limettenschale
3 EL Agavendicksaft
1 EL flüssiges natives Kokosöl
1 TL Bourbonvanillezucker
1 kirschgroßes Stück geschälter Ingwer
1/3 TL Guarkernmehl

- Die Kokosmilch mit dem Limettensaft, der Limettenschale, dem Agavendicksaft, Kokosöl und Zucker verrühren.
- Den Ingwer grob zerkleinern und durch eine Knoblauchpresse in die Kokosmilch pressen.
- Das Guarkernmehl durch ein feines Sieb dazugeben und gründlich unterrühren.
- Die Kokoscreme in die Kammern eines Eiswürfelbehälters füllen und den Eiswürfelbehälter ins Tiefkühlgerät stellen.
- Die Limetten-Kokos-Häppchen sind in etwa 3 Stunden servierbereit. Dazu die Häppchen vorsichtig aus den Kammern des Eiswürfelbehälters drücken.

Zubereitungszeit: *10 Minuten*
Gefrierzeit: *3 Stunden*

Tipp

Für das Gelingen der Limetten-Kokos-Häppchen ist es wichtig, dass Sie die Kokosmilch nicht in Millilitern, sondern in Gramm abmessen.

Grüner Eistee zum Lutschen

Erfrischendes zur Teatime

für etwa 14 Stück (aus dem Eiswürfelbehälter)

300 ml starker grüner Tee
3 – 4 EL Roh-Rohrzucker
1 walnussgroßes Stück Ingwer
5 große Minzeblätter
Saft einer halben Limette

- Den Tee und den Zucker in einen Topf geben und unter gelegentlichem Rühren erhitzen.
- Den Ingwer schälen und in Scheiben schneiden.
- Den Ingwer und die Minzeblätter ebenfalls in den Topf geben und alles kurz zum Kochen bringen.
- Den Topf vom Herd nehmen, den Limettensaft unterrühren und alles mit aufgelegtem Deckel etwa 4 Stunden ziehen lassen. Die Grünteezubereitung durch ein feines Sieb geben und die Flüssigkeit auffangen.
- Die Flüssigkeit auf die Kammern eines Eiswürfelbehälters verteilen und den Eiswürfelbehälter in das Tiefkühlgerät stellen.
- Die Eiswürfel sind in etwa 3 Stunden servierbereit. Dazu die Grüntee-Eiswürfel aus den Kammern des Eiswürfelbehälters in eine Schüssel oder auf einen großen Teller drücken.
- Die Eisteestücke als aromatische, kühle Erfrischung lutschen.

Zubereitungszeit: 10 Minuten (ohne die Zeit zum Aromatisieren des Tees)
Gefrierzeit: 3 Stunden

Tipp ···

Die Eiswürfel aus grünem Tee können Sie auch dazu nutzen, fertig zubereiteten grünen Eistee im Glas oder in der Karaffe zu kühlen. So wird aus einem schlichten Eistee ein echter Hingucker.

Kokos-Schoko-Eiskonfekt

Kühl schmelzende »Schokoküsschen«

für etwa 22 Stück (in kleinen Pralinenkapseln)

50 g Zartbitterschokolade
2 EL natives Kokosöl
200 ml gut gekühlte Kokosmilch
3 EL Roh-Rohrpuderzucker
1 EL ungesüßtes Kakaopulver
2 – 3 MSP fein abgeriebene Orangenschale
1 knapp gestrichener TL Johannisbrotkernmehl

- Die Schokolade grob zerkleinern und mit dem Kokosöl im Wasserbad zum Schmelzen bringen.
- Die Kokosmilch mit dem Puderzucker, Kakaopulver und der Orangeschale in ein hochwandiges Rührgefäß geben und mit dem Handrührgerät ein wenig aufschlagen.
- Das Johannisbrotkernmehl einrieseln lassen und die Kokosmilch so lange weiter aufschlagen, bis sie ein wenig eindickt.
- Die geschmolzene Schokolade und das Kokosöl zur Kokosmilch geben und unterrühren.
- Die Konfektmasse sofort in einen Spritzbeutel geben.
- Die Eiskonfektmasse kringelförmig in kleine Pralinenkapseln aus Papier oder Silikon spritzen.
- Die Pralinenkapseln auf ein kleines Tablett oder einen flachen Teller geben und ins Tiefkühlgerät stellen.
- Das Kokos-Schoko-Eiskonfekt ist nach etwa 60 Minuten servierbereit.

Zubereitungszeit: 15 Minuten
Gefrierzeit: 60 Minuten

Halbgefrorener Himbeer-Schoko-Trifle

Das Dessert für die besonderen kulinarischen Momente im Leben

Für die Himbeercreme:
250 g Himbeeren (frisch oder tiefgekühlt und leicht angetaut)
200 ml Mandelmilch
4 EL blanchierte und gemahlene Mandeln
3 EL Roh-Rohrpuderzucker
2 EL Sonnenblumen- oder Distelöl

Für die Schokoschicht:
4 Schokocookies (siehe Seite 165)
160 ml Sojasahne oder Mandelsahne
2 TL ungesüßtes Kakaopulver

Für die Bananencreme:
1 Banane
100 ml gut gekühlte Sojasahne oder Mandelsahne
2 EL frisch gepresster Zitronensaft
2 TL Roh-Rohrpuderzucker
1 knapp gestrichener TL Johannisbrotkernmehl

4 EL Mandelkrokant (siehe Seite 161)

- Für die **Himbeercreme** die Himbeeren mit der Mandelmilch, den Mandeln, dem Zucker und Öl in ein hochwandiges Rührgefäß geben und mit dem Pürierstab fein pürieren.
- Für die **Schokoschicht** die Schokocookies mittelfein zerkrümeln und mit der Sojasahne oder Mandelsahne und dem Kakaopulver vermischen.
- Die Cookiemasse auf vier Saftgläser verteilen. Die Himbeercreme darübergeben und glatt streichen.
- Die Gläser mit Frischhaltefolie abdecken und 50 – 60 Minuten in das Tiefkühlgerät geben.
- Die Eismasse soll nicht komplett durchfrieren, sondern nach der Entnahme aus dem Tiefkühlgerät noch gut löffelbar sein.

- Für die **Bananencreme** die Banane schälen und in Scheiben schneiden. Mit der Sojasahne oder Mandelsahne, dem Zitronensaft und Zucker in ein hochwandiges Rührgefäß geben.
- Mit dem Pürierstab fein cremig pürieren.
- Das Johannisbrotkernmehl durch ein feines Sieb dazugeben und alles nochmals kurz pürieren.
- Zum Servieren die Bananencreme auf dem Himbeer-Schoko-Trifle verteilen und das Dessert mit dem Mandelkrokant überstreuen.

Zubereitungszeit: *15 Minuten*
Gefrierzeit: *60 Minuten*

Tipp

Das Dessert sollte nicht fest gefroren, sondern halbgefroren, also noch gut mit dem Löffel entnehmbar serviert werden. Falls der Himbeer-Schoko-Trifle zu fest geworden ist oder Sie ihn über Nacht im Tiefkühlgerät gelassen haben, sollte er vor dem Servieren 30 – 40 Minuten antauen. Machen Sie zum Ende der Antauzeit am besten eine »Löffelprobe« und testen Sie, ob das Dessert fertig zum Servieren ist.

Johannisbeer-Eistörtchen

Verwöhnen zum sommerlichen Sonntagskaffee

Für den Teig:
50 g schnittfeste Margarine
150 g Schottische Ingwerplätzchen (siehe Seite 163)
1 MSP feines Meersalz

Für die Füllung:
200 g geputzte und entstielte rote Johannisbeeren
100 ml Kokosmilch
5 – 6 EL Roh-Rohrpuderzucker
1 TL Bourbonvanillezucker
½ knapp gestrichener TL Guarkernmehl

- Für den **Teig** die Margarine zum Schmelzen bringen.
- Die geschmolzene Margarine mit den grob zerkleinerten Plätzchen und dem Salz im Mixer fein krümelig zerkleinern.
- Vier Tarteletteförmchen jeweils mit einem großen Stück Frischhaltefolie auskleiden (dabei die Folienenden überhängen lassen).
- Die Teigmasse auf die Tarteletteförmchen verteilen und an die Ränder und Böden drücken, sodass sie wie gebackener Kuchenteig aussieht.
- Für die **Füllung** den Mixbehälter der Küchenmaschine kurz mit heißem Wasser ausspülen.
- Die Johannisbeeren, Kokosmilch, den Puder- und Vanillezucker in den Mixbehälter geben und zu einer feinen Creme pürieren.
- Das Guarkernmehl durch ein feines Sieb dazugeben und alles nochmals kurz pürieren.
- Die Füllung auf die Tarteletteförmchen verteilen und glatt streichen.
- Die Folienenden jeweils zur Mitte hin überschlagen, sodass die Törtchen mit Frischhaltefolie abgedeckt sind. Die Törtchen für etwa 4 Stunden in das Tiefkühlgerät geben.
- Zum Servieren die Törtchen vorsichtig aus den Folien lösen, auf Dessertteller geben (nicht stürzen!) und 15 – 20 Minuten antauen lassen.

Zubereitungszeit: *20 Minuten*
Gefrierzeit: *etwa 4 Stunden*

Weiße gefrostete Kokoskugeln

Schmecken im Sommer wie im Winter

für etwa 18 Stück (in kleinen Pralinenkapseln)

150 g Kokosmilch
5 – 6 EL fein gesiebter Roh-Rohrpuderzucker
4 – 5 Tropfen Rumaroma
1 knapp gestrichener TL Guarkernmehl
9 EL Kokosflocken (45 g)
1 – 2 Spritzer Limettensaft

* Die Kokosmilch mit dem Puderzucker und Rumaroma verrühren.
* Das Guarkernmehl durch ein feines Sieb dazugeben und gründlich mit der Kokosmilch verrühren.
* Sechs Esslöffel Kokosflocken hinzufügen und ebenfalls unterrühren.
* Mit etwas Limettensaft abschmecken.
* Die Kokosmasse etwa 20 Minuten im Kühlschrank quellen lassen.
* Danach aus der Kokosmasse mit den leicht angefeuchteten Fingern kleine Kugeln ausformen. Pro Kugel einen leicht gehäuften Teelöffel verwenden.
* Die Kokoskugeln vorsichtig in den verbliebenen drei Esslöffeln (15 Gramm) Kokosflocken wälzen.
* Die Kokoskugeln in kleine Pralinenkapseln aus Papier setzen.
* Die Pralinenkapseln auf ein kleines Tablett oder einen flachen Teller geben und ins Tiefkühlgerät stellen.
* Die gefrosteten Kokoskugeln sind nach etwa 90 Minuten servierbereit. Vor dem Servieren 10 – 15 Minuten antauen lassen.

Zubereitungszeit: 30 Minuten
(davon 20 Minuten Ruhezeit für die Kokosmasse)
Gefrierzeit: *90 Minuten*

Tipp

Für das Gelingen der Kokoskugeln ist es wichtig, dass Sie die Kokosmilch nicht in Millilitern sondern in Gramm abmessen.

Mango-Orangen-Häppchen

Frischer Fruchtgenuss zum Lutschen

für etwa 25 Stück (aus Eiswürfelbehältern)

300 g Fruchtfleisch einer reifen Mango (etwa 1 große Mango)
3 – 4 EL Agavendicksaft
2 EL frisch gepresster Zitronensaft
2 MSP fein abgeriebene Zitronenschale
150 ml Orangensaft
6 Blätter Zitronenmelisse (falls erwünscht)

- Das Mangofruchtfleisch grob würfeln und mit dem Agavendicksaft, Zitronensaft und der Zitronenschale in ein hochwandiges Rührgefäß geben.
- Alles mit dem Pürierstab gründlich pürieren.
- Den Orangensaft und die grob zerkleinerte Zitronenmelisse hinzufügen und alles nochmals gründlich pürieren, bis eine feine Creme entstanden ist.
- Die Mango-Orangen-Creme in die Kammern von zwei Eiswürfelbehältern füllen und die Eiswürfelbehälter ins Tiefkühlgerät stellen.
- Die Mango-Orangen-Häppchen sind nach etwa 3 Stunden servierbereit. Dazu die Häppchen aus den Kammern der Eiswürfelbehälter drücken.

Zubereitungszeit: *10 Minuten*
Gefrierzeit: *3 Stunden*

Tipp ·······························

Die Mango-Orangen-Häppchen schmecken natürlich auch ohne die Zugabe der Melisse. Besonders erfrischend werden sie, wenn Sie statt der Zitronenmelisse frische Marokkanische Minze oder Pfefferminze verwenden.

Sahnige Schokohäppchen

Kleine Schokoverführung für zwischendurch

für etwa 18 Stück (aus dem Eiswürfelbehälter)

2 ¹/₂ EL Roh-Rohrzucker
2 EL ungesüßtes Kakaopulver
1 TL Speisestärke
1 MSP feines Meersalz
2 MSP gemahlene Bourbonvanille
250 ml Sojasahne
50 g Zartbitterschokolade

- In einer kleinen Schüssel oder Tasse den Zucker mit dem Kakaopulver, der Speisestärke, dem Salz und dem Vanillepulver vermischen.
- Von der Sojasahne fünf Esslöffel abnehmen und mit dem Zuckergemisch glatt rühren.
- Die verbliebene Sojasahne in einen kleinen Topf geben.
- Das angerührte Zuckergemisch hinzufügen und alles unter Rühren zum Kochen bringen. Die Schokosahne 1 – 2 Minuten unter ständigem Rühren weiterkochen, bis die Flüssigkeit eindickt.
- Den Topf vom Herd nehmen und die Creme etwas abkühlen lassen.
- Nach etwa 5 Minuten die grob gehackte Schokolade zur Creme geben und unter Rühren zum Schmelzen bringen.
- Die Schokomasse auf die Kammern eines großen Eiswürfelbehälters (oder von zwei kleinen Eiswürfelbehältern) verteilen und auf Raumtemperatur abkühlen lassen.
- Danach die Schokohäppchen in das Tiefkühlgerät geben. Sie können nach etwa 90 Minuten vernascht werden.

Zubereitungszeit: *10 Minuten (ohne die Abkühlzeit)*
Gefrierzeit: *90 Minuten*

Tipp

> *Wenn Ihnen die Schokohäppchen nicht süß genug sein sollten, können Sie nach Belieben mehr Zucker hinzufügen. Etwas mehr »Biss« haben die Schokohäppchen, wenn Sie zusätzliche zwei Esslöffel Kakaonibs (siehe Seite 29) unterrühren.*

Schokoeis-Törtchen

Kühle Rohkost zum fruchtigen Schlemmen

Für den Teig:
60 g Mandeln
60 g Haselnusskerne
10 getrocknete und entsteinte weiche Datteln
4 EL Sonnenblumenöl
2 EL frisch gepresster Zitronensaft
1 TL Johannisbrotkernmehl

Für die Füllung:
4 kleine Bananen (oder 2 sehr große)
4 EL Agavendicksaft
2 EL ungesüßtes Kakaopulver
2 EL frisch gepresster Zitronensaft
1 TL Johannisbrotkernmehl
2 – 3 MSP gemahlene Bourbonvanille
1 MSP feines Meersalz

- Für den **Teig** die Mandeln und Haselnusskerne mit den grob zerkleinerten Datteln in den Mixbehälter der Küchenmaschine geben und zerkleinern.
- Das Öl, den Zitronensaft und das Johannisbrotkernmehl hinzufügen. Alles so lange mixen, bis die Zutaten (wie zu einem Pesto) körnig zerkleinert sind. Bitte nicht zu Mus verarbeiten.
- Den Teig in vier Portionen aufteilen und in Törtchenformen (am besten aus Silikon) geben. Den Rohkostteig gut an die Ränder und Böden der Törtchenformen drücken, sodass er wie gebackener Kuchenteig aussieht.
- Für die **Füllung** den Mixbehälter kurz mit heißem Wasser ausspülen.
- Die geschälten und in Scheiben geschnittenen Bananen sowie die restlichen Zutaten für die Füllung in den Mixbehälter geben und alles zu einer glatten Creme pürieren.
- Die Füllung auf die Törtchen verteilen und glatt streichen.
- Die Törtchenformen mit Frischhaltefolie abdecken, in das Tiefkühlgerät geben und in etwa 3 Stunden gefrieren lassen.

- Zum Servieren die Törtchen vorsichtig aus den Formen lösen und auf Dessertteller geben. Dabei nicht stürzen! Danach noch etwa 15 Minuten antauen lassen.

Zubereitungszeit: *15 Minuten*
Gefrierzeit: *3 Stunden*

Tipp

Falls Sie keine Törtchenformen aus Silikon verwenden (aus denen sich die Törtchen nach dem Gefrieren besonders gut lösen lassen), sollten Sie die Formen, bevor Sie den Teig hineingeben, mit Frischhaltefolie auskleiden.

Eis am Stiel

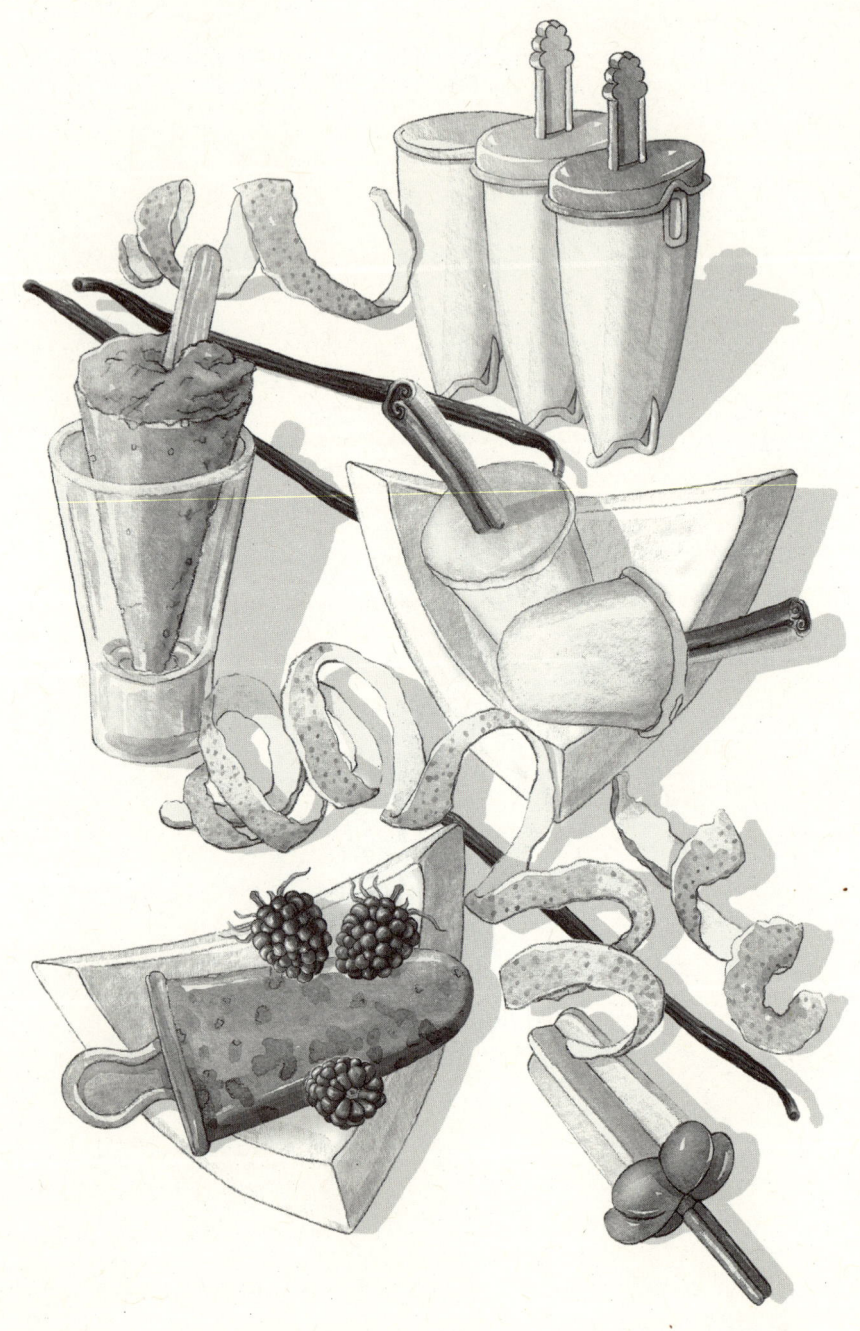

Blutorangen-Joghurt-Eis

Mit einem Hauch von Ingwer

für 6 Eisförmchen zu je 50 ml (insgesamt 300 ml fertiges Eis)

150 ml frisch gepresster Blutorangensaft
150 ml Sojajoghurt
3 EL fein gesiebter Roh-Rohrpuderzucker
1 EL frisch gepresster Zitronensaft
3 MSP sehr fein geriebener Ingwer
3 MSP sehr fein abgeriebene Orangenschale

- Alle Zutaten in eine Schüssel geben und mit dem Schneebesen gründlich verrühren.
- Die Joghurtcreme in die Förmchen füllen, die Deckel mit Stiel aufsetzen und die Förmchen etwa 3 Stunden in das Tiefkühlgerät geben.
- Zum Servieren die Förmchen kurz mit heißem Wasser abbrausen oder in eine Schüssel mit heißem Wasser tauchen, damit sich das Eis aus der Form löst.

Zubereitungszeit: *10 Minuten*
Gefrierzeit: *3 Stunden*

Tipp

Je dunkler der Blutorangensaft ist, desto intensiver wird die Farbe des fertigen Eises.

Brombeereis mit Balsamico

Dunkelrotes Schleckvergnügen

für 6 Eisförmchen zu 50 ml (insgesamt 300 ml fertiges Eis)

200 g Brombeeren (frisch oder tiefgekühlt und angetaut)
5 EL Roh-Rohrpuderzucker
5 EL Agavendicksaft
4 EL Sojajoghurt
2 TL rote Balsamicocreme
1 knapp gestrichener TL Guarkernmehl

- Die Brombeeren mit dem Puderzucker und Agavendicksaft in ein hochwandiges Rührgefäß geben und mit dem Pürierstab fein cremig pürieren.
- Den Sojajoghurt und die Balsamicocreme unterrühren.
- Das Guarkernmehl durch ein feines Sieb dazugeben und alles nochmals kurz pürieren.
- Die Eismasse in die Förmchen füllen, die Deckel mit Stiel aufsetzen und die Förmchen etwa 3 Stunden in das Tiefkühlgerät geben.
- Zum Servieren die Förmchen kurz mit heißem Wasser abbrausen oder in eine Schüssel mit heißem Wasser tauchen, damit sich das Eis aus der Form löst.

Zubereitungszeit: *10 Minuten*
Gefrierzeit: *3 Stunden*

Cremiges Zitroneneis

Der Frischekick am Stiel

für 6 Eisförmchen zu 50 ml (insgesamt 300 ml fertiges Eis)

100 ml Zitronensaft
200 g geschälte Banane
4 – 5 EL Roh-Rohrpuderzucker
3 – 4 MSP fein abgeriebene Zitronenschale
2 MSP gemahlene Bourbonvanille
2 MSP Guarkernmehl

- Den Zitronensaft mit der in Scheiben geschnittenen Banane, dem Zucker, der Zitronenschale und Vanille in ein hochwandiges Rührgefäß geben.
- Mit dem Pürierstab fein cremig pürieren.
- Das Guarkernmehl durch ein feines Sieb dazugeben und alles nochmals kurz pürieren.
- Die Eismasse in die Förmchen füllen, die Deckel mit Stiel aufsetzen und die Förmchen etwa 3 Stunden in das Tiefkühlgerät geben.
- Zum Servieren die Förmchen kurz mit heißem Wasser abbrausen oder in eine Schüssel mit heißem Wasser tauchen, damit sich das Eis aus der Form löst.

Zubereitungszeit: *10 Minuten*
Gefrierzeit: *3 Stunden*

Limetten-Kokos-Eis

Schlecken und von der Südsee träumen …

für 4 kleine Kunststoffdosen mit jeweils 100 ml Inhalt

300 g Kokosmilch
115 g Agavendicksaft
5 EL frisch gepresster Limettensaft
1/2 TL fein abgeriebene Limettenschale
1 knapp gestrichener TL Guarkernmehl

2 stabile Trinkhalme

- Die Kokosmilch gründlich mit dem Agavendicksaft, Limettensaft und der Limettenschale verrühren.
- Das Guarkernmehl durch ein feines Sieb dazugeben und alles nochmals sehr gründlich verrühren.
- Die Limetten-Kokos-Creme in die kurz mit kaltem Wasser ausgespülten Kunststoffdosen geben und glatt streichen.
- Von den Trinkhalmen vier etwa fünf Zentimeter lange Stüce abschneiden.
- Die Trinkhalmstücke als Eisstiele jeweils mittig in die Limetten-Kokos-Creme stecken.
- Die Dosen in das Tiefkühlgerät geben und etwa 2,5 Stunden gefrieren lassen.
- Zum Servieren die Dosen kurz mit dem Boden in eine Schüssel mit heißem Wasser stellen. Darauf achten, dass die Eismasse nicht mit dem Wasser in Berührung kommt.
- Das Eis vorsichtig an den Stielen aus den Dosen ziehen und genießen.

Zubereitungszeit: *10 Minuten*
Gefrierzeit: *2,5 Stunden*

Tipp

Für das Gelingen dieser Eisspezialität ist es wichtig, dass Sie die Kokosmilch und den Dicksaft nicht in Milliliter abmessen, sondern in Gramm abwiegen. Falls Sie keine kleinen Kunststoffdosen (zum Beispiel zum Einfrieren von frischen Kräutern) im Haus haben, können Sie stattdessen kleine Saftgläser verwenden.

Mango-Joghurt-Eis

Paradiesisch gut

für 6 Eisförmchen zu 50 ml (insgesamt 300 ml fertiges Eis)

250 g Fruchtfleisch einer reifen Mango
150 g Sojajoghurt
3 EL Roh-Rohrpuderzucker
3 – 4 MSP gemahlene Bourbonvanille
2 Spritzer Zitronensaft
2 MSP Guarkernmehl

- Das Mangofruchtfleisch sowie den Sojajoghurt und Puderzucker in ein hochwandiges Rührgefäß geben. Mit dem Pürierstab fein cremig pürieren.
- Das Vanillepulver und den Zitronensaft unterrühren.
- Das Guarkernmehl durch ein feines Sieb dazugeben und alles nochmals kurz pürieren.
- Die Eismasse in die Förmchen füllen, die Deckel mit Stiel aufsetzen und die Förmchen etwa 3 Stunden in das Tiefkühlgerät geben.
- Zum Servieren die Förmchen kurz mit heißem Wasser abbrausen oder in eine Schüssel mit heißem Wasser tauchen, damit sich das Eis aus der Form löst.

Zubereitungszeit: *10 Minuten*
Gefrierzeit: *3 Stunden*

Melonen-Minz-Eis

Leichtes Dessert an heißen Tagen

für 4 Gläser zu 200 ml (insgesamt 800 ml fertiges Eis)

500 g Fruchtfleisch einer Honig-, Galia- oder Futuro-Melone
1 reife Banane
4 große Minzeblätter
Saft einer Limette
2 EL Roh-Rohrpuderzucker
1 TL Johannisbrotkernmehl

- Das Melonenfruchtfleisch grob würfeln.
- Die Banane schälen und in Scheiben schneiden.
- Das Obst mit den grob zerkleinerten Minzeblättern, dem Limettensaft und Puderzucker in ein hochwandiges Rührgefäß geben.
- Alles mit dem Pürierstab fein cremig pürieren.
- Das Johannisbrotkernmehl durch ein feines Sieb dazugeben und nochmals kurz pürieren.
- Vier Saftgläser (Inhalt etwa 200 Milliliter) kurz mit kaltem Wasser ausspülen.
- Die Eismasse auf die Gläser verteilen.
- In die Mitte der Eismasse jeweils aufrecht, mit dem Stiel nach oben, einen Teelöffel stecken.
- Die Eismasse mit Frischhaltefolie abdecken, dabei eine kleine Öffnung für die Löffelstiele vorsehen.
- Die Eismasse für etwa 3 Stunden in das Tiefkühlgerät geben.
- Zum Servieren die Gläser kurz in eine Schüssel mit heißem Wasser stellen, damit sich das Eis aus den Gläsern löst. Dabei darauf achten, dass die Eismasse nicht mit dem Wasser in Berührung kommt.

Zubereitungszeit: *10 Minuten*
Gefrierzeit: *3 Stunden*

Orangeneis

Vitamine clever in (die) Form gebracht

für 6 Eisförmchen zu 50 ml (insgesamt 300 ml fertiges Eis)

300 ml frisch gepresster Orangensaft
1 TL Speisestärke
3 EL Roh-Rohrpuderzucker
2 MSP gemahlene Bourbonvanille
2 MSP fein abgeriebene Orangenschale

- Vom Orangensaft vier Esslöffel abnehmen und mit der Speisestärke verrühren.
- Den verbliebenen Orangensaft mit dem Puderzucker in einen kleinen Topf geben und unter Rühren erhitzen.
- Die angerührte Speisestärke hinzufügen und den Orangensaft 2 – 3 Minuten unter Rühren kochen, bis er etwas eindickt.
- Den Topf vom Herd nehmen und das Vanillepulver und die Orangenschale unterrühren.
- Die Orangensaftzubereitung auf Raumtemperatur abkühlen lassen.
- Die Eismasse in die Förmchen füllen, die Deckel mit Stiel aufsetzen und die Förmchen etwa 3 Stunden in das Tiefkühlgerät geben.
- Zum Servieren die Förmchen kurz mit heißem Wasser abbrausen oder in eine Schüssel mit heißem Wasser tauchen, damit sich das Eis leichter aus der Form lösen lässt.

Zubereitungszeit: *10 Minuten (ohne die Abkühlzeit der Orangencreme)*
Gefrierzeit: *3 Stunden*

Sahniges Erdbeereis

Kleines Erdbeerglück

für 6 Eisförmchen zu 50 ml (insgesamt 300 ml fertiges Eis)

200 g geputzte und halbierte Erdbeeren
5 – 6 EL Roh-Rohrpuderzucker
150 ml Sojasahne
1 TL rote Balsamicocreme
¹/₂ knapp gestrichener TL Guarkernmehl

- Die Erdbeeren mit dem Puderzucker in ein hochwandiges Rührgefäß geben und mit dem Pürierstab fein cremig pürieren.
- Die Sojasahne und Balsamicocreme hinzufügen und alles sorgsam vermischen.
- Das Guarkernmehl durch ein feines Sieb hinzufügen und die Eismasse nochmals kurz pürieren.
- Die Eismasse in die Förmchen füllen, die Deckel mit Stiel aufsetzen und die Förmchen etwa 3 Stunden in das Tiefkühlgerät geben.
- Zum Servieren die Förmchen kurz mit heißem Wasser abbrausen oder in eine Schüssel mit heißem Wasser tauchen, damit sich das Eis aus der Form löst.

Zubereitungszeit: *10 Minuten*
Gefrierzeit: *3 Stunden*

Schokocremeeis

Cooler Genuss für Schokoholics

für 6 Eisförmchen zu 50 ml (insgesamt 300 ml fertiges Eis)

50 g Zartbitterschokolade
2 EL natives Kokosöl
160 g Kokosmilch
100 ml Sojasahne
4 EL fein gesiebter Roh-Rohrpuderzucker
3 TL ungesüßtes Kakaopulver
2 MSP gemahlene Bourbonvanille

- Die Schokolade mit dem Kokosöl im Wasserbad zum Schmelzen bringen.
- Die Kokosmilch mit der Sojasahne, dem Puderzucker, Kakaopulver und Vanillepulver gründlich verrühren.
- Die geschmolzene Schokolade und das Kokosöl hinzufügen und alles zu einer glatten Creme verrühren.
- Die Eismasse in die Förmchen füllen, die Deckel mit Stiel aufsetzen und die Förmchen etwa 3 Stunden in das Tiefkühlgerät geben.
- Zum Servieren die Förmchen kurz mit heißem Wasser abbrausen oder in eine Schüssel mit heißem Wasser tauchen, damit sich das Eis aus der Form löst.

Zubereitungszeit: *10 Minuten*
Gefrierzeit: *3 Stunden*

Tipp

Für das Gelingen dieser Eisspezialität ist es wichtig, dass Sie die Kokosmilch nicht in Milliliter abmessen, sondern in Gramm abwiegen. Noch schokoladiger schmeckt das Eis, wenn Sie es mit Schokoglasur überziehen. Wie das geht, steht auf Seite 121.

Wassermelone am Stiel

Fruchtige Sommerfrische

für 4 kleine Kunststoffdosen mit jeweils 100 ml Inhalt

350 g entkernte Wassermelone ohne Schale
Saft einer halben Zitrone
2 EL Roh-Rohrpuderzucker
2 EL Agavendicksaft
1 EL Orangenblütenwasser
1/3 TL Guarkernmehl

2 stabile Trinkhalme

- Die Wassermelone grob würfeln und mit dem Zitronensaft, Puderzucker, Agavendicksaft und Orangenblütenwasser in ein hochwandiges Rührgefäß geben. Alles mit dem Pürierstab gründlich pürieren.
- Das Guarkernmehl durch ein feines Sieb dazugeben und alles nochmals kurz pürieren.
- Die Eismasse in die kurz mit kaltem Wasser ausgespülten kleinen Kunststoffdosen (Inhalt etwa 100 Milliliter) geben und glatt streichen.
- Die Dosen in das Tiefkühlgerät geben und etwa 90 Minuten gefrieren lassen.
- Von den Trinkhalmen vier etwa fünf Zentimeter lange Stücke abschneiden.
- Die Trinkhalmstücke als Eisstiele jeweils mittig in die Eismasse stecken. Sollte die Eismasse noch nicht fest genug sein, damit die Trinkhalme aufrecht stehen bleiben, das Eis weitere 30 Minuten gefrieren lassen.
- Das Wassermeloneneis mit den Trinkhalmstücken noch etwa 90 Minuten komplett durchfrieren lassen.
- Zum Servieren die Dosen kurz mit dem Boden in eine Schüssel mit heißem Wasser stellen.
- Das Eis vorsichtig an den Stielen aus den Dosen ziehen und genießen.

Zubereitungszeit: *10 Minuten*
Gefrierzeit: *3 Stunden*

Tipp

Welche Dosen sich am besten eignen, lesen Sie auf Seite 96. Stattdessen können Sie aber auch kleine Saftgläser verwenden.

Schokoglasur für Eis am Stiel

Knackig coole Schokoschicht

150 g Zartbitterschokolade
2 EL natives Kokosöl
2 EL Agavendicksaft
2 EL heißes Wasser

- Die Schokolade grob hacken und mit den verbliebenen Zutaten in eine hohe Tasse geben. Alles vorsichtig unter Rühren im Wasserbad schmelzen lassen.
- Die Schokoglasur glatt rühren.

Zum Glasieren wie folgt verfahren:

- Die Tasse mit der geschmolzenen Schokoglasur und eine zweite hohe Tasse mit heißem Wasser bereithalten.
- Die Eisförmchen aus dem Tiefkühlgerät nehmen.
- Jeweils ein Eisförmchen kurz in die Tasse mit heißem Wasser tauchen. Danach vorsichtig das Eis aus der Umhüllung ziehen.
- Das Eis mit der Spitze nach unten in die Tasse mit der geschmolzenen Schokoladenglasur tauchen. Falls die Glasur nicht sofort überall auf dem Eis haften bleibt, mit dem Löffelrücken eines Teelöffels oder einem kleinen Silikonpinsel nacharbeiten.
- Die Glasur kurz (etwa 30 Sekunden) hart werden lassen. Dann das Eis entweder in Frischhaltefolie hüllen und zurück in das Tiefkühlgerät geben oder auf der Stelle schlecken und genießen.

Zubereitungszeit: *5 Minuten für die Schokoglasur*
10 Minuten, um sechs Eis am Stiel zu glasieren

Tipp

Die Schokoglasur reicht aus, um sechs Eis am Stiel aus Eisförmchen (zu 50 Milliliter) zu glasieren.
Bitte achten Sie darauf, dass Sie zwei Tassen verwenden, die etwas höher und breiter als die verwendeten Eisförmchen sind.

Zimt-Vanille-Eis mit Schuss

Schmeckt nicht nur den Schotten

für 4 Gläser zu 200 ml (insgesamt 800 ml fertiges Eis)

400 ml Sojasahne
1 TL gemahlener Zimt
3 – 4 MSP gemahlene Bourbonvanille
1 knapp gestrichener TL Guarkernmehl
80 ml Ahornsirup
50 ml Whisky
    ersatzweise 50 ml schwarzer Tee mit 3 – 4 Tropfen Rumaroma
4 lange Zimtstangen

- Die Sojasahne mit dem Zimt und dem Vanillepulver in ein hochwandiges Rührgefäß geben. Mit dem Handrührgerät kräftig aufschlagen. Dabei das Guarkernmehl durch ein feines Sieb dazugeben und gründlich verrühren.
- So lange kräftig rühren, bis die Sahne etwas eindickt und gleichzeitig etwas luftiger (weil Sauerstoff durch das Mixen eingearbeitet wurde) wirkt.
- Den Ahornsirup und Whisky oder den aromatisierten Schwarztee vorsichtig unterziehen.
- Die Eismasse auf vier Saftgläser (Inhalt etwa 200 Milliliter) verteilen und glatt streichen.
- Die Gläser mit Frischhaltefolie abdecken und in das Tiefkühlgerät geben.
- Nach gut 60 Minuten oder wenn die Eismasse schon etwas erstarrt ist, die Zimtstangen jeweils in die Mitte der Eismasse stecken. Danach das Zimt-Vanille-Eis noch etwa 3 Stunden gut durchfrieren lassen.
- Zum Servieren die Gläser kurz in eine Schüssel mit heißem Wasser stellen, damit sich das Eis aus den Gläsern löst. Dabei darauf achten, dass die Eismasse nicht mit dem Wasser in Berührung kommt.

Zubereitungszeit: *10 Minuten*
Gefrierzeit: *4 Stunden*

Tipp

Wenn Sie das Zimt-Vanille-Eis für Kinder zubereiten oder keinen Alkohol verwenden möchten, können Sie den Whisky durch den aromatisierten Schwarztee ersetzen. Oder Sie verwenden nur 50 Milliliter Ahornsirup und fügen 50 Milliliter von der Karamellsauce von Seite 160 hinzu. Das Zimt-Vanille-Eis schmeckt aber auch ohne »Schuss« ganz wunderbar. Verwenden Sie dazu insgesamt 450 Milliliter Sojasahne und geben Sie etwas mehr gemahlene Bourbonvanille hinzu.

Statt der Zimtstangen können Sie natürlich auch hölzerne Eisstiele verwenden.

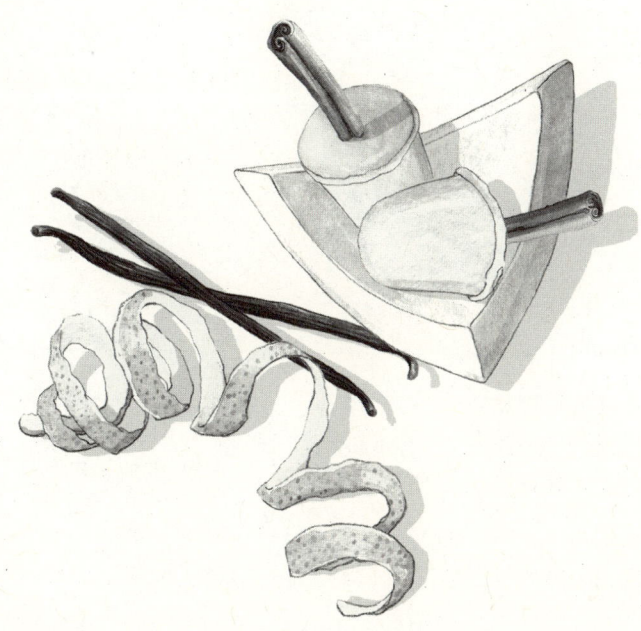

Geeiste Getränke

Bananen-Schoko-Traum

Cremig süße Gaumenfreude

4 kleine Bananen (oder 2 große)
4 EL Ahornsirup
4 TL ungesüßtes Kakaopulver
2 knapp gestrichene TL gemahlener Zimt
4 MSP gemahlene Bourbonvanille
600 ml gut gekühlter Sojadrink
8 Kugeln Vanilleeis (siehe Seite 54, 55 oder 60)

- Die Bananen schälen und in Scheiben schneiden. Mit dem Ahornsirup, Kakaopulver, Zimt und der Vanille in ein hochwandiges Rührgefäß geben.
- Die Bananen mit dem Pürierstab kurz pürieren.
- In kleinen Portionen den Sojadrink hinzufügen, dabei jeweils weiterpürieren. So lange pürieren, bis eine glatte Creme entstanden ist.
- Die Bananen-Schoko-Creme auf vier große Saftgläser verteilen.
- In jedes Glas zwei Kugeln Vanilleeis geben und den Bananen-Schoko-Traum servieren.

Zubereitungszeit: *10 Minuten (ohne die Zubereitungszeit für das Vanilleeis)*

Tipp

Diese cremig schokoladige Erfrischung schmeckt kleinen und großen Süßschnäbeln.
Statt des Vanilleeises können Sie auch Schokoladeneis (siehe Seite 51) verwenden. Zu einem schönen Dessert lässt sich der Bananen-Scho-ko-Traum aufpeppen, wenn Sie jede Portion mit drei bis vier Esslöffel Kokossahne (siehe Seite 156) und mit etwas Schokosirup (siehe Sei-te 167) garnieren.

Café Frappé

Eiskaffee, wie man ihn in Griechenland liebt

4 leicht gehäufte EL lösliches Kaffeepulver
4 EL Roh-Rohrzucker
200 ml kaltes Wasser
500 g Eiswürfel

- Vier große Saftgläser bereithalten.
- In jedes Glas einen Esslöffel Kaffeepulver und einen Esslöffel Zucker geben.
- Pro Glas 50 Milliliter Wasser hinzufügen.
- Die Kaffeemischung mit einem Milchaufschäumer oder kleinen Schneebesen schön schaumig schlagen.
- In jedes Glas 125 Gramm Eiswürfel und einen Trinkhalm geben.
- Die Kaffeemischung und die Eiswürfel mit dem Trinkhalm kurz vermischen und den Café Frappé servieren.

Zubereitungszeit: *5 Minuten*

Tipp ....

Ein leichter, kühler Kaffee-genuss, wie man ihn nicht nur in Griechenland mag! Sie können die Zuckermenge natürlich beliebig nach Ihrem Geschmack dosieren. Ich verwende übrigens zur Zube-reitung gern entkoffeinierten löslichen Kaffee.

Eiskaffee aus 1001 Nacht

Eine verführerische Komposition aus dem Morgenland

5 – 6 EL Roh-Rohrzucker
2 TL ungesüßtes Kakaopulver
¹/₃ TL gemahlener Zimt
2 MSP fein abgeriebene Orangenschale
2 MSP gemahlener Kardamom
2 MSP gemahlene Gewürznelken
900 ml frisch gekochter Kaffee
8 große Kugeln Vanilleeis (siehe Seite 54, 55 oder 60)
6 EL Schokosirup (siehe Seite 167)

- In einer kleinen Schüssel den Zucker mit dem Kakaopulver, Zimt, der Orangenschale, dem Kardamom und dem Gewürznelkenpulver vermischen.
- 100 Milliliter vom heißen Kaffee dazugeben und so lange rühren, bis sich der Zucker aufgelöst hat.
- Die Mischung mit dem verbliebenen Kaffee verrühren.
- Den Kaffee im Kühlschrank gut durchkühlen lassen.
- Vor der Weiterverwendung die Kaffeezubereitung nochmals kurz kräftig mit einem Schneebesen durchrühren.
- Den gekühlten Kaffee auf vier große Saftgläser verteilen.
- Pro Portion zwei Kugeln Vanilleeis (nach Wunsch auch mehr) hinzufügen.
- Jede Portion mit anderthalb Esslöffel Schokosirup überträufeln und den Eiskaffee servieren.

Zubereitungszeit: *10 Minuten*
(ohne die Abkühlzeit des Kaffees und die Zubereitungszeit für das Vanilleeis)

Tipp

Hübsch sieht es aus, wenn Sie dem Eiskaffee noch ein Kokossahne-häubchen (siehe Seite 156) aufsetzen. Dazu pro Portion zwei gehäufte Esslöffel Kokossahne auf den (oben schwimmenden) Eiskugeln verteilen und erst dann den Eiskaffee mit dem Schokosirup überträufeln.

Eiskakao

Schmeckt kleinen und großen Kindern

5 EL Roh-Rohrpuderzucker
3 EL ungesüßtes Kakaopulver
600 ml gut gekühlter Sojadrink
3 – 4 MSP gemahlene Bourbonvanille
3 – 4 MSP fein abgeriebene Orangenschale
8 Kugeln Vanilleeis (siehe Seite 54, 55 oder 60)

- Den Puderzucker und das Kakaopulver in einer kleinen Schüssel vermischen.
- Vom Sojadrink 100 Milliliter abnehmen und die Zucker-Kakao-Mischung damit glatt rühren.
- Die Mischung in ein hochwandiges Rührgefäß geben.
- Das Vanillepulver und die Orangenschale hinzufügen.
- Die Hälfte des verbliebenen Sojadrinks hinzufügen und alles mit dem Pürierstab gründlich pürieren. Den restlichen Sojadrink hinzufügen und nochmals pürieren, bis keine Klümpchen mehr vorhanden sind und die Flüssigkeit leicht schaumig ist.
- Das Kakaogetränk auf vier große Saftgläser verteilen.
- In jedes Glas zwei Kugeln Vanilleeis geben und den Eiskakao servieren.

Zubereitungszeit: *10 Minuten (ohne die Zubereitungszeit für das Vanilleeis)*

Tipp

Naschkatzen servieren den Eiskakao mit einem feinen Sahnehäubchen aus selbst gemachter Kokossahne (siehe Seite 156) oder Cashewsahne (siehe Seite 155).

Der Eiskakao wird zu einem leckeren Partygetränk für Erwachsene, wenn Sie bei der Zubereitung 100 Milliliter Orangenlikör oder Mandellikör mit unterrühren.

Erdbeer-Frappé

Mit Sojajoghurt und einem Hauch Vanille

2 kleine Bananen
500 g geputzte und halbierte Erdbeeren
200 g Sojajoghurt
2 TL Bourbonvanillezucker
300 g Eiswürfel

- Die Bananen schälen und in Scheiben schneiden. Mit den Erdbeeren in den Mixbehälter der Küchenmaschine oder in den Standmixer geben.
- Den Sojajoghurt und Zucker hinzufügen und alles fein cremig pürieren.
- Die Eiswürfel hinzufügen und nochmals kurz pürieren, bis sich die Eiswürfel aufgelöst haben.
- Den Erdbeer-Frappé in vier große Saftgläser füllen und servieren.

Zubereitungszeit: *10 Minuten*

Tipp

Falls Ihnen der Erdbeer-Frappé nicht süß genug ist, fügen Sie bitte noch Roh-Rohrzucker oder Agavendicksaft nach Ihrem Geschmack hinzu. Statt der Erdbeeren können Sie auch andere Beerenfrüchte verwenden.

Himbeer-Granatapfel-Cooler

Tolle Farbe, toller Geschmack

400 g tiefgekühlte Himbeeren
500 ml gut gekühlter Orangensaft
200 ml gut gekühlter Granatapfelsaft
2 EL frisch gepresster Zitronensaft
5 – 6 EL Roh-Rohrpuderzucker
3 – 4 MSP gemahlene Bourbonvanille

- Alle Zutaten in den Mixbehälter der Küchenmaschine oder den Standmixer geben und zu einer feinen Creme pürieren.
- Den Himbeer-Granatapfel-Cooler in vier große Saftgläser füllen und servieren.

Zubereitungszeit: *5 Minuten*

Mandel-Aprikosen-Shake

Mediterraner Genuss aus dem Glas

80 g Mandeln
350 g entsteinte Aprikosen
500 ml gut gekühlte Mandelmilch
3 – 4 EL Roh-Rohrzucker
3 Tropfen Bittermandelaroma
100 g Eiswürfel
4 Kugeln Mandeleis (siehe Seite 46) oder
  Vanilleeis (siehe Seite 54, 55 oder 60)

- Die Mandeln in den Mixbehälter der Küchenmaschine oder in den Standmixer geben und kurz zerkleinern.
- Die grob gewürfelten Aprikosen sowie die Mandelmilch, den Zucker und das Bittermandelaroma ebenfalls in den Mixbehälter oder den Standmixer geben und alles fein cremig pürieren.
- Die Eiswürfel und das Mandeleis oder Vanilleeis hinzufügen und alles nochmals gründlich pürieren.
- Den Mandel-Aprikosen-Shake auf vier große Saftgläser verteilen und servieren.

Zubereitungszeit: *10 Minuten*
(ohne die Zubereitungszeit für das Mandel- oder Vanilleeis)

Mango-Eisshake

Fruchtig und süffig

4 Nektarinen
16 (etwa 320 g) gefrorene Mango-Orangen-Häppchen (siehe Seite 106)
400 ml gut gekühlter trockener Weißwein
*   ersatzweise heller Traubensaft mit 2 EL weißem Balsamessig*
Saft einer kleinen Zitrone
60 ml Agavendicksaft
100 g Eiswürfel

- Die Nektarinen halbieren, entsteinen, grob zerkleinern und in den Mixbehälter der Küchenmaschine oder in den Standmixer geben.
- Die restlichen Zutaten bis auf die Eiswürfel hinzufügen und alles fein cremig pürieren.
- Die Eiswürfel dazugeben und nochmals kurz pürieren.
- Den Mango-Eisshake auf vier große Saftgläser verteilen und servieren.

Zubereitungszeit: *10 Minuten*
(ohne die Zubereitungszeit für die Mango-Orangen-Häppchen)

Pfirsich-Tomaten-Frappé

Pfirsich küsst Tomate

4 Pfirsiche
4 Tomaten
5 – 6 Blätter Basilikum
80 ml Agavendicksaft
1 EL Rotweinessig
1 EL Tomatenmark
2 – 3 MSP gemahlene Bourbonvanille
2 – 3 Spritzer Zitronensaft
300 g Eiswürfel

- Die Pfirsiche halbieren, entsteinen und in Spalten schneiden.
- Die Tomaten ebenfalls in Spalten schneiden.
- Die Pfirsiche und Tomaten mit den grob zerkleinerten Basilikumblättern, dem Agavendicksaft, Essig, Tomatenmark sowie der Vanille und dem Zitronensaft in den Mixbehälter der Küchenmaschine oder in den Standmixer geben.
- Alles fein cremig pürieren.
- Die Eiswürfel hinzufügen und alles nochmals gründlich pürieren.
- Den Pfirsich-Tomaten-Frappé auf vier große Saftgläser verteilen und sofort servieren.

Zubereitungszeit: 10 Minuten

Schneller Eiskaffee mit Mandelaroma

Für alle, die Kaffee und Mandeln lieben

5 TL lösliches Kaffeepulver
100 ml kochend heißes Wasser
400 ml gut gekühlte Mandelmilch
100 ml Mandellikör
5 EL Mandelmus
4 – 5 EL Roh-Rohrpuderzucker
300 g Eiswürfel

- Das Kaffeepulver im heißen Wasser auflösen.
- Den Kaffee mit den restlichen Zutaten bis auf die Eiswürfel in den Mixbehälter der Küchenmaschine oder den Standmixer geben und fein cremig pürieren.
- Die Eiswürfel hinzufügen und nochmals kurz pürieren, bis sich die Eiswürfel aufgelöst haben.
- Den Eiskaffee in vier hohe Saftgläser gießen und genießen.

Zubereitungszeit: 5 Minuten

Tipp

Wenn Sie auf den Alkohol verzichten möchten, können Sie stattdessen zusätzliche 100 Milliliter Mandelmilch und etwas mehr Puderzucker zum Süßen verwenden.

Vanille-Karamell-Shake

Einfach zum Dahinschmelzen!

2 kleine Bananen (oder 1 sehr große)
800 ml Vanille-Sojadrink
125 ml Karamellsauce (siehe Seite 160)
3 – 4 MSP gemahlene Bourbonvanille
1 MSP feines Meersalz
300 g Eiswürfel

- Die Bananen schälen und in Scheiben schneiden.
- Den Sojadrink mit den Bananen, der Karamellsauce, dem Vanillepulver und dem Salz in den Mixbehälter der Küchenmaschine oder in den Standmixer geben.
- Alles fein cremig pürieren.
- Die Eiswürfel hinzufügen und nochmals gründlich pürieren, bis sich die Eiswürfel aufgelöst haben.
- Den Vanille-Karamell-Shake auf vier große Saftgläser verteilen und servieren.

Zubereitungszeit: *10 Minuten*

Tipp

Noch cremiger wird der Vanille-Karamell-Shake, wenn Sie keine Eiswürfel, sondern pro Portion zwei große Kugeln Vanilleeis (siehe Seite 54, 55 und 60) oder Karamelleis (siehe Seite 44) verwenden.

Sorbets und Granitas

Cidresorbet

Frischer Genuss auf französische Art

150 g Roh-Rohrzucker
Saft einer Zitrone
750 ml trockener Cidre (brut)
1 Zimtstange
50 ml Calvados (falls gewünscht)

- Den Zucker und Zitronensaft in einen Topf geben, unter Rühren zum Kochen bringen und 2 – 3 Minuten weiterkochen, bis die Flüssigkeit etwas eindickt.
- Zweihundert Milliliter Cidre und die Zimtstange hinzufügen und alles nochmals kurz aufkochen. Den verbliebenen Cidre kühl stellen.
- Den Topf vom Herd nehmen und die Flüssigkeit auf Raumtemperatur abkühlen lassen.
- Die Zimtstange entfernen. Den verbliebenen Cidre und den Calvados unterrühren.
- Die Mischung in eine flache, mit einem Deckel verschließbare Kunststoffdose füllen und in das Tiefkühlgerät geben.
- Das Sorbet während des Gefrierens etwa alle 30 Minuten von den Rändern der Kunststoffdose aus mit einer Gabel umrühren. So lange wiederholen, bis das Sorbet cremig gefroren ist (dauert etwa 4 Stunden).
- Das Sorbet aus dem Tiefkühlgerät nehmen, etwa 10 Minuten antauen lassen und auf Dessertschalen verteilen.

Zubereitungszeit: *10 Minuten (ohne die Abkühlzeit des Cidres)*
Gefrierzeit: *4 Stunden*

Tipp

Mir ist es bei der Zubereitung schon passiert, dass ich das Sorbet nicht aus dem Tiefkühlgerät nehmen konnte, als es gerade cremig war, sondern erst später, als es zu einem harten Block gefroren war. Um das leckere Sorbet nicht entsorgen zu müssen, habe ich mir diesen »Rette-das-durchgefrorene-Sorbet-Trick« ausgedacht: Nehmen Sie das durchgefrorene Sorbet aus dem Tiefkühlgerät und lassen Sie es etwa 10 Minuten antauen. Zerkleinern Sie das Sorbet grob mit einem Messer und geben Sie die Sorbetstücke in den Mixbehälter der Küchenmaschine oder den Standmixer. Lassen Sie den Mixer so lange laufen, bis das Sorbet cremig ist.

Erdbeersorbet mit Zitronenmelisse

Leicht und aromatisch

100 g Roh-Rohrzucker
Saft einer Zitrone
200 ml roter Traubensaft
500 g Erdbeeren
8 Blätter Zitronenmelisse

- Den Zucker, Zitronensaft und Traubensaft in einen kleinen Topf geben und unter Rühren zum Kochen bringen. Kurz kochen lassen, dann den Topf vom Herd nehmen und den Zuckersirup abkühlen lassen.
- Die Erdbeeren putzen und halbieren.
- Die Erdbeeren, grob zerkleinerte Zitronenmelisse und den Zuckersirup in ein hochwandiges Rührgefäß geben und mit dem Pürierstab fein pürieren.
- Das Erdbeerpüree in eine flache, mit einem Deckel verschließbare Kunststoffdose füllen und in das Tiefkühlgerät geben.
- Das Sorbet während des Gefrierens etwa alle 30 Minuten von den Rändern der Kunststoffdose aus mit einer Gabel umrühren. So lange wiederholen, bis das Sorbet cremig gefroren ist (dauert etwa 4 Stunden).
- Das Sorbet aus dem Tiefkühlgerät nehmen, etwa 10 Minuten antauen lassen und auf Dessertschalen verteilen.

Zubereitungszeit: *15 Minuten (ohne die Abkühlzeit des Zuckersirups)*
Gefrierzeit: *4 Stunden*

Fixes Himbeersorbet mit Vanillehäubchen

Eine cremige Verlockung in Rot-Weiß

600 g tiefgekühlte Himbeeren
200 ml gut gekühlte Sojasahne
2 – 3 EL fein gesiebter Roh-Rohrpuderzucker
3 MSP gemahlene Bourbonvanille
¾ TL Johannisbrotkernmehl
100 ml Grenadinesirup
200 ml Prosecco rosé
    ersatzweise alkoholfreier Sekt rosé oder perlender heller Traubensaft

- Die tiefgekühlten Himbeeren etwa 10 Minuten antauen lassen.
- In der Zwischenzeit die Sojasahne in ein hochwandiges Rührgefäß geben. Den Puderzucker und das Vanillepulver hinzufügen und alles kurz mit dem Handrührgerät verrühren.
- Das Johannisbrotkernmehl durch ein feines Sieb dazugeben und die Sojasahne mit dem Handrührgerät auf höchster Stufe so lange aufschlagen, bis sie etwas eindickt.
- Die angetauten Himbeeren mit dem Grenadinesirup und Prosecco oder Traubensaft in den Mixbehälter der Küchenmaschine oder in den Standmixer geben und fein pürieren.
- Das Himbeersorbet auf Dessertschälchen oder große Saftgläser verteilen.
- Die Vanillesahne als Häubchen auf den Sorbetportionen verteilen und servieren.

Zubereitungszeit: *10 Minuten*

Tipp

Das Sorbet reicht für vier große oder sechs kleine Portionen.
Wenn der Mixbehälter Ihrer Küchenmaschine oder Ihr Standmixer nicht groß genug sein sollte, alle Zutaten auf einmal aufzunehmen, sollten Sie das Sorbet in zwei Portionen zubereiten. Da es superfix zusammengerührt ist, gelingt auch die zweite Portion im Handumdrehen.

Gurken-Ingwer-Sorbet mit Minze

Einmal nicht so süß

1 große Salatgurke
2 unbehandelte Limetten
1 kirschgroßes Stück geschälter Ingwer
15 Blätter Minze
250 ml naturtrüber Apfelsaft
2 – 3 MSP weißer Pfeffer

- Die Salatgurke schälen, halbieren und, falls notwendig, die Kerne entfernen.
- Danach die Salatgurke würfeln und in ein hochwandiges Rührgefäß geben.
- Die Schale einer Limette abreiben und zur Gurke geben.
- Danach beide Limetten auspressen und den Saft mit dem grob gehackten Ingwer ebenfalls in das Rührgefäß geben.
- Die Minzeblätter grob zerkleinern und mit dem Apfelsaft und Pfeffer ebenfalls in das Rührgefäß geben.
- Alles mit dem Pürierstab fein cremig pürieren.
- Die Mischung in eine flache, mit einem Deckel verschließbare Kunststoffdose füllen und in das Tiefkühlgerät geben.
- Das Sorbet während des Gefrierens etwa alle 30 Minuten von den Rändern der Kunststoffdose aus mit einer Gabel umrühren. So lange wiederholen, bis das Sorbet cremig gefroren ist (dauert etwa 4 Stunden).
- Das Sorbet aus dem Tiefkühlgerät nehmen, etwa 10 Minuten antauen lassen und auf Dessertschalen verteilen.

Zubereitungszeit: *10 Minuten*
Gefrierzeit: *4 Stunden*

Tipp

Dieses frische Sorbet kann für alle, die es nicht so gern allzu süß mögen, als leichtes Dessert serviert werden. Es schmeckt aber auch als erfrischender Zwischengang in einem mehrgängigen Menü.

Kiwisorbet mit Minze

Gefrostete Kiwi trifft auf kühle Minze

150 ml Wasser
75 g Roh-Rohrpuderzucker
1 Päckchen Bourbonvanillezucker
Saft und Schale einer unbehandelten Zitrone
8 Kiwis
2 EL fein gehackte Minze
5 – 6 EL mittelfein gehackte grüne Pistazienkerne

- Das Wasser mit dem Puderzucker, Zitronensaft und der Zitronenschale in einen kleinen Topf geben und zum Kochen bringen. Alles 1 – 2 Minuten unter Rühren kochen, bis sich der Zucker aufgelöst hat. Vor der Weiterverwendung abkühlen lassen.
- Sieben Kiwis schälen und grob würfeln. In ein hochwandiges Rührgefäß geben und mit dem Pürierstab fein pürieren.
- Den Zuckersirup zu den Kiwis geben und alles nochmals kurz pürieren.
- Die Minze unterrühren.
- Die Kiwizubereitung in eine flache, mit einem Deckel verschließbare Kunststoffdose geben und im Tiefkühlgerät gefrieren lassen.
- Das Sorbet während des Gefrierens etwa alle 30 Minuten von den Rändern der Kunststoffdose aus mit einer Gabel umrühren. So lange wiederholen, bis das Sorbet cremig gefroren ist (dauert etwa 4 Stunden).
- Das Sorbet aus dem Tiefkühlgerät nehmen, etwa 10 Minuten antauen lassen und auf Dessertschalen verteilen.
- Die verbliebene Kiwi schälen, in dünne Scheiben schneiden und das Sorbet damit garnieren.
- Mit den Pistazien überstreut servieren.

Zubereitungszeit: *15 Minuten (ohne die Abkühlzeit des Zuckersirups)*
Gefrierzeit: *4 Stunden*

Rhabarbersorbet mit Ingwer

Frostiger Frühlingsgenuss

800 g Rhabarber
1 unbehandelte Zitrone
1 walnussgroßes Stück Ingwer
¹/₂ Vanilleschote
150 g Roh-Rohrzucker

- Den Rhabarber schälen, fein würfeln und in einen Topf geben.
- Die Schale einer halben Zitrone abreiben. Die ganze Zitrone auspressen.
- Den Zitronensaft und die Zitronenschale mit dem geschälten und grob gehackten Ingwer sowie dem ausgekratzten Mark der Vanilleschote und dem Zucker zum Rhabarber in den Topf geben.
- Alles unter gelegentlichem Rühren 12 – 15 Minuten köcheln lassen, bis der Rhabarber weich ist.
- Die Rhabarberzubereitung mit dem Pürierstab fein pürieren und auf Raumtemperatur abkühlen lassen.
- Das Rhabarberpüree in eine flache, mit einem Deckel verschließbare Kunststoffdose füllen und in das Tiefkühlgerät geben.
- Das Sorbet während des Gefrierens etwa alle 30 Minuten von den Rändern der Kunststoffdose aus mit einer Gabel umrühren. So lange wiederholen, bis das Sorbet cremig gefroren ist (dauert etwa 4 Stunden).
- Das Sorbet aus dem Tiefkühlgerät nehmen, etwa 10 Minuten antauen lassen und auf Dessertschalen verteilen.

Zubereitungszeit: *25 Minuten (ohne die Abkühlzeit des Rhabarbers)*
Gefrierzeit: *4 Stunden*

Schnelles Sesamsorbet

Für alle, die offen für Neues sind

325 g Eiswürfel
100 g geschälter Sesam
5 – 6 EL Roh-Rohrpuderzucker
1 TL Johannisbrotkernmehl
2 EL frisch gepresster Zitronensaft
3 MSP fein abgeriebene Zitronenschale

- Die Eiswürfel vor der Verwendung etwas zerkleinern oder »crushen«.
- Den Sesam mit dem Puderzucker und Johannisbrotkernmehl in den Mixbehälter der Küchenmaschine oder den Standmixer geben und kurz durchmixen.
- Die Eiswürfel, den Zitronensaft und die Zitronenschale hinzufügen. Alles so lange mixen, bis ein fein cremiges Sorbet entstanden ist.
- Das Sorbet auf Dessertschälchen verteilen und sofort servieren.

Zubereitungszeit: *10 Minuten*

Tipp

Falls Ihr Mixgerät nicht so leistungsstark ist und Schwierigkeiten haben sollte, alle Zutaten fein zu zerkleinern, können Sie bei der Zubereitung noch zusätzliche vier bis fünf Esslöffel Pflanzenmilch Ihrer Wahl hinzufügen. Durch die zusätzliche Flüssigkeit lässt sich alles leichter durchmixen. Eine tolle Farbe und ein intensiveres Aroma erhält das Sesamsorbet, wenn Sie statt des weißen geschälten Sesams schwarzen Sesam verwenden.

Superfixes Kirschsorbet mit Minze

Im Handumdrehen fertig gemixt

für etwa 6 Portionen

750 g entsteinte und tiefgekühlte Sauerkirschen
10 Blätter Minze
100 ml Agavendicksaft
Saft einer halben kleinen Zitrone

- Die Sauerkirschen aus dem Tiefkühlgerät nehmen, in den Mixbehälter der Küchenmaschine oder in den Standmixer geben und etwa 10 Minuten antauen lassen.
- Die Minze grob zerkleinern und mit dem Agavendicksaft und Zitronensaft ebenfalls in den Mixbehälter geben.
- Alles zu einem fein cremigen Sorbet pürieren.

Zubereitungszeit: *5 Minuten (ohne die Antauzeit der Sauerkirschen)*

Tipp

Eine leckere weihnachtliche Variante ergibt sich, wenn Sie statt des Agavendicksaftes Ahornsirup verwenden und die Minze durch einen knapp gestrichenen Teelöffel Zimt ersetzen.

Wassermelonengranita

Eine leckere Abkühlung, wie man sie in der Toskana liebt

800 g entkernte Wassermelone ohne Schale
100 g Roh-Rohrzucker
2 EL Orangenblütenwasser
40 g grüne Pistazienkerne
80 g Zartbitterschokolade
50 g fein gewürfeltes Zitronat
50 g fein gewürfeltes Orangeat
2 EL fein gehackte Minze

- Die Wassermelone grob würfeln. Mit dem Zucker und Orangenblütenwasser in den Mixbehälter der Küchenmaschine oder in den Standmixer geben und fein cremig pürieren.
- Das Wassermelonenpüree in eine flache Kunststoffdose geben und im Tiefkühlgerät gefrieren lassen. Dabei etwa alle 30 Minuten von den Rändern der Kunststoffdose aus mit einer Gabel umrühren.
- So lange wiederholen, bis die Granita eine körnige Konsistenz hat (dauert etwa 4 Stunden).
- Die Pistazienkerne und die Schokolade fein hacken und mit dem Zitronat sowie Orangeat zur Granita geben und unterziehen.
- Die Wassermelonengranita in vier hohe Saftgläser füllen und vor dem Servieren mit der fein gehackten Minze überstreuen.

Zubereitungszeit: *15 Minuten*
Gefrierzeit: *4 Stunden*

Tipp

Falls Sie kein Orangenblütenwasser zur Hand haben, können Sie dieses durch zwei Esslöffel Orangensaft und drei Messerspitzen fein abgeriebene Orangenschale ersetzen.

145

Weihnachtliches Birnensorbet

Festliches Dessert auf ganz leichte Art

70 g Roh-Rohrzucker
1 Päckchen Bourbonvanillezucker
Saft einer Zitrone
150 ml ungesüßter Apfelsaft
550 g geschälte und fein gewürfelte Birne
1 Zimtstange
2 Gewürznelken
2 – 3 MSP fein abgeriebene Zitronenschale
1 Stück Sternanis

- Den Zucker und Vanillezucker mit dem Zitronensaft und Apfelsaft in einen Topf geben und unter Rühren aufkochen. So lange rühren und kochen, bis sich der Zucker komplett aufgelöst hat.
- Die Birne sowie die Zimtstange, Gewürznelken, Zitronenschale und den Sternanis hinzufügen. Alles nochmals unter Rühren kurz zum Kochen bringen.
- Die Temperatur deutlich reduzieren und die Birne unter gelegentlichem Rühren weich kochen.
- Den Topf vom Herd nehmen.
- Die Birnen im Sud mit aufgelegtem Deckel auf Raumtemperatur abkühlen lassen.
- Die Zimtstange, Gewürznelken und den Sternanis entfernen.
- Die Birnen zusammen mit dem Sud mit dem Pürierstab fein cremig pürieren.
- Das Birnenpüree in eine flache, mit einem Deckel verschließbare Kunststoffdose füllen und in das Tiefkühlgerät geben.
- Das Sorbet während des Gefrierens etwa alle 30 Minuten von den Rändern der Kunststoffdose aus mit einer Gabel umrühren. So lange wiederholen, bis das Sorbet cremig gefroren ist (dauert etwa 4 Stunden).
- Zum Servieren das Sorbet aus dem Tiefkühlgerät nehmen, etwa 10 Minuten antauen lassen und auf Dessertschalen verteilen.

Zubereitungszeit: *15 Minuten (ohne die Abkühlzeit der Birnen)*
Gefrierzeit: *4 Stunden*

Zitronen-Lavendel-Sorbet

So verwöhnt man sich an heißen Sommertagen in der Provence

125 g Roh-Rohrpuderzucker
200 ml Wasser
3 unbehandelte Zitronen
300 ml trockener Weißwein
  ersatzweise heller ungesüßter Traubensaft mit
  1 – 2 EL mildem Weißweinessig
1 ½ TL frische oder getrocknete Lavendelblüten

- Den Puderzucker und das Wasser in einen Topf geben und unter Rühren kurz aufkochen. So lange rühren, bis sich der Zucker komplett aufgelöst hat.
- Von zwei Zitronen mit einem Zestenreißer feine Zesten ablösen. Anschließend alle Zitronen auspressen.
- Den Zitronensaft, die Zitronenzesten, den Wein und die Lavendelblüten zum Zuckerwasser in den Topf geben und alles kurz zum Kochen bringen.
- Alles 2 – 3 Minuten köcheln lassen, dann den Topf vom Herd nehmen und die Flüssigkeit auf Raumtemperatur abkühlen lassen.
- Die Flüssigkeit durch ein feines Sieb gießen und den Sud auffangen. Den Lavendelsud in eine flache, mit einem Deckel verschließbare Kunststoffdose füllen und in das Tiefkühlgerät geben.
- Das Sorbet während des Gefrierens etwa alle 30 Minuten von den Rändern der Kunststoffdose aus mit einer Gabel umrühren. So lange wiederholen, bis das Sorbet cremig gefroren ist (dauert etwa 4 Stunden).
- Zum Servieren das Sorbet aus dem Tiefkühlgerät nehmen, etwa 10 Minuten antauen lassen und auf Dessertschalen verteilen.

Zubereitungszeit: *15 Minuten (ohne die Abkühlzeit für den Lavendelsud)*
Gefrierzeit: *4 Stunden*

Tipp

Dieses fruchtige Sorbet ist ein leichtes, kühlendes Dessert an heißen Sommertagen. Es kann aber auch als Zwischengang (zum Beispiel vor der Hauptspeise) eines mehrgängigen Menüs serviert werden.

Eisgarnituren und Eissaucen

Himbeertopping

Setzt Eiskreationen ein fruchtig rotes Häubchen auf

250 g Himbeeren (frisch oder tiefgekühlt und leicht angetaut)
4 – 5 EL Roh-Rohrpuderzucker
1 – 2 EL frisch gepresster Zitronensaft
½ TL Johannisbrotkernmehl

- Die Himbeeren, den Puderzucker und Zitronensaft in ein hochwandiges Rührgefäß geben. Mit dem Pürierstab zu einer glatten Creme pürieren.
- Das Johannisbrotkernmehl durch ein feines Sieb dazugeben und alles nochmals kurz pürieren.

Zubereitungszeit: *5 Minuten (ohne die Antauzeit der Himbeeren)*

Tipp

Das Himbeertopping verfeinert nicht nur Vanilleeis (siehe Seite 54, 55 oder 60), sondern schmeckt auch gut zu Schokoeis (siehe Seite 51). Es kann auch als fruchtige Verfeinerung von Bananen-Zimt-Waffeln (siehe Seite 150), French Toast (siehe Seite 157) oder Pancakes (siehe Seite 164) serviert werden.

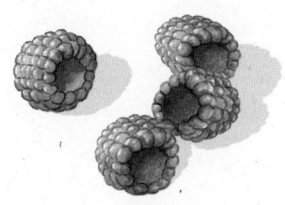

Bananen-Zimt-Waffeln

Waffelduft liegt in der Luft

für etwa 6 Bananen-Zimt-Waffeln

150 g reife geschälte Banane
3 – 4 EL Roh-Rohrzucker
1 TL Bourbonvanillezucker
3 EL Rapsöl
250 g Dinkelmehl (Type 630)
1 TL Weinsteinbackpulver
½ TL gemahlener Zimt
1 MSP feines Meersalz
200 ml Sojadrink
50 ml Mineralwasser mit Kohlensäure
Margarine oder Öl zum Einfetten

- Die Bananen in Scheiben schneiden und mit dem Zucker und Öl in eine Rührschüssel geben. Mit dem Handrührgerät ein wenig schaumig rühren.
- Das Mehl mit dem Backpulver, Zimt und Salz vermischen.
- Die Mehlmischung zu den Bananen und zum Zucker in die Schüssel geben und verrühren.
- Zuerst in kleinen Portionen den Sojadrink, dann das Mineralwasser hinzufügen und mit dem Handrührgerät zu einem glatten Teig verrühren.
- Den Teig abgedeckt 20 – 30 Minuten ruhen lassen.
- Vor dem Backen den Teig nochmals kurz von Hand durchrühren.
- Pro Waffel 1 ½ kleine Schöpfkellen Teig in das gut gefettete Waffeleisen geben.
- Die Waffeln schön braun ausbacken und am besten direkt aus dem Waffeleisen zum Eis servieren.

Zubereitungszeit: *20 Minuten (ohne die Ruhezeit des Teiges)*

Tipp

Auch wenn Sie (wie ich) ein beschichtetes Waffeleisen verwenden, sollten Sie die Backflächen stets gut einfetten, damit die Waffeln beim Öffnen des Gerätes nicht kleben bleiben und zerreißen.

Zu den Waffeln schmecken viele Köstlichkeiten aus diesem Buch, zum Beispiel:

- Ahornsirup-Walnuss-Eis (siehe Seite 37)
- Mandeleis (siehe Seite 46)
- Marzipan-Carob-Eis (siehe Seite 48)
- Vanilleeis (siehe Seite 54, 55 oder 60)
- Birnen-Joghurt-Eis mit Cranberrys (siehe Seite 58)
- Pflaumen-Joghurt-Eis mit Zimt (siehe Seite 66)
- Apfel-Zimt-Parfait (siehe Seite 72)
- Lebkuchenparfait mit Rumrosinen (siehe Seite 76)
- Heiße Himbeeren (siehe Seite 158) mit Cashewsahne (siehe Seite 155) oder Kokossahne (siehe Seite 156)
- Mediterranes Aprikosenkompott (siehe Seite 162) mit Vanilleeis
- Kirsch-Cranberry-Sauce (siehe Seite 168)
- Zimtpflaumen (siehe Seite 169)

Eisschälchen oder Eishörnchen aus Crêpeteig

Machen den Eisgenuss erst perfekt

für etwa 15 Eisschälchen oder Eishörnchen

100 g Margarine
175 g Roh-Rohrzucker
1 TL Bourbonvanillezucker
1 MSP feines Meersalz
1 EL Orangenblütenwasser
250 g Weizenmehl (Type 1050)
350 ml Sojadrink
Öl oder Margarine zum Braten

- Die Margarine zum Schmelzen bringen und mit dem Zucker, Salz, Vanillezucker und Orangenblütenwasser verrühren.
- Zuerst das Mehl und dann in kleinen Portionen den Sojadrink unterrühren.
- Den Teig gründlich mit dem Pürierstab bearbeiten, um alle eventuell vorhandenen Klümpchen aufzulösen.
- Den Teig 30 – 40 Minuten ruhen lassen.
- Vor der weiteren Verarbeitung den Teig nochmals kurz von Hand durchrühren.
- Etwas Öl in einer beschichteten (Crêpes-)Pfanne (Durchmesser etwa 25 Zentimeter) heiß werden lassen.
- Pro Eisschälchen eine kleine Suppenkelle an Teig in die Pfanne geben.
- Den Teig entweder durch Drehen der Pfanne dünn in der Pfanne verteilen oder mithilfe eines Spatels verstreichen. Der Teig sollte **nicht dicker als ein bis zwei Millimeter** sein.
- Den Teig auf der unteren Seite stocken und leicht anbräunen lassen.
- Danach den Crêpe wenden und auf dieser Seite ebenfalls leicht anbräunen lassen.
- Den noch heißen Crêpe schnell auf ein Dessertschälchen mit tiefem Boden legen. Ein zweites identisches Schälchen vorsichtig daraufsetzen, sodass der gebackene Crêpeteig an die Ränder und den Boden der Form gedrückt wird. In der Form fest werden lassen (was sehr schnell geht). Danach das gebackene Eisschälchen zum Abkühlen auf einen Gitterrost setzen.
- Mit dem verbliebenen Teig so weiterverfahren, bis er aufgebraucht ist.
- Der Teig kann auch in einem Eishörnchen-Waffeleisen (siehe Seite 23) gebacken werden, wodurch er besonders knusprig wird.

- Um klassische Eishörnchen auszuformen, benutzt man am besten ein spezielles Waffelhorn oder einen Hörnchenformer.

Zubereitungszeit: *60 Minuten (ohne die Ruhezeit des Teiges)*

Tipp

Zubereiten und Lagern der Eisschälchen oder Eishörnchen:

- Ein anderes Aroma erhalten die Eisschälchen, wenn man statt des Orangenblütenwassers ein wenig Rumaroma oder einen halben Teelöffel gemahlenen Zimt und zwei Messerspitzen Kardamom zum Teig gibt.
- Damit die Eisschälchen schön knusprig sind (und bleiben) ist es wichtig, den Teig hauchdünn in der Pfanne zu verteilen.
- Die Eisschälchen können auch im Backofen zubereitet werden. Dazu den Backofen auf 150 °C vorheizen. Auf einem Blatt Backpapier Teig (auch hier etwa eine kleine Suppenkelle pro Portion) zu zwei hauchdünnen Kreisen verstreichen. Den Teig im Backofen gut 10 Minuten backen, bis er leicht gebräunt ist. Danach sofort auf ein Dessertschälchen legen und wie im Rezept beschrieben weiterverfahren.
- Der fertig gebackene Teig für die Eisschälchen oder Eishörnchen kann nur in Form gebracht werden, solange er noch richtig heiß ist (also eine knappe Minute lang). Bitte passen Sie auf, dass Sie sich beim Hantieren mit dem heißen Teig nicht die Finger verbrennen.
- Aufbewahrt werden die gebackenen Eisschälchen (oder Hörnchen) am besten in einer großen Blechdose mit Deckel. Dort halten sie sich gut 3 Wochen.

Erdbeer-Rhabarber-Crumble

Heiße Früchtchen unter einer süßen Knusperhaube

500 g Rhabarber
500 g Erdbeeren
etwas Sonnenblumenöl für die Form
80 g Roh-Rohrzucker
1 Päckchen Bourbonvanillezucker
100 g Dinkelmehl (Type 630)
1 MSP feines Meersalz
5 EL kernige Haferflocken
5 EL Kokosflocken
125 g gut gekühlte Margarine

- Den Rhabarber schälen und in etwa zwei Zentimeter dicke Scheiben schneiden. Die Erdbeeren putzen und halbieren.
- Eine große runde Auflaufform oder Tarteform mit etwas Öl einpinseln und den Rhabarber und die Erdbeeren darin verteilen.
- Vom Zucker 30 Gramm abnehmen, mit dem Vanillezucker vermischen und die Erdbeeren und den Rhabarber damit überstreuen.
- Das Mehl mit dem verbliebenen Zucker, Salz, den Haferflocken und Kokosflocken vermischen.
- Die Margarine würfeln. In der Mitte der Mehlmischung eine Mulde ausformen und die Margarine hineingeben.
- Die Margarine mit einem stumpfen Messer von der Mitte aus mit dem Mehlgemisch vermischen, sodass ein krümeliger (kein glatter!) Streuselteig entsteht.
- Den Streuselteig auf dem Obst verteilen und den Erdbeer-Rhabarber-Crumble in den **nicht vorgeheizten** Backofen geben.
- Den Erdbeer-Rhabarber-Crumble bei 170 °C 40 – 45 Minuten backen, bis das Obst weich ist und die Streusel schön gebräunt sind.

Zubereitungszeit: *60 Minuten*

Tipp

> *Noch heiß zu feinem Vanilleeis (siehe Seite 54, 55 und 60) oder zum Mandeleis (siehe Seite 46) servieren.*

Cashewsahne

Süß, cremig und unwiderstehlich

200 g Cashewnüsse
500 ml kochend heißes Wasser
4 getrocknete und entsteinte weiche Datteln
2 – 3 MSP gemahlene Bourbonvanille
1 MSP feines Meersalz
150 ml kaltes Wasser

- Die Cashewnüsse mit dem kochend heißen Wasser übergießen und etwa 5 Stunden oder auch über Nacht darin quellen lassen.
- Die Cashewnüsse in ein Sieb geben, kurz mit klarem Wasser abbrausen und abtropfen lassen.
- Die grob zerkleinerten Datteln mit den Cashewnüssen, dem Vanillepulver, dem Salz und kalten Wasser in den Mixbehälter der Küchenmaschine oder den Standmixer geben und alles fein cremig pürieren.
- Die Cashewsahne in ein Schälchen umfüllen und vor dem Servieren im Kühlschrank gut durchkühlen lassen.

Zubereitungszeit: 5 Minuten (ohne die Einweichzeit der Cashewnüsse)

Tipp

Reste der Cashewsahne halten sich abgedeckt im Kühlschrank 2 – 3 Tage.

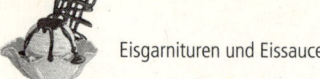

Kokossahne

Zum Verzieren, Verfeinern oder gleich aus der Schüssel Naschen

250 ml gut gekühlte Kokosmilch
1 TL Bourbonvanillezucker
1 TL Roh-Rohrzucker
2 knapp gestrichene TL Johannisbrotkernmehl

- Die Kokosmilch mit dem Vanillezucker und Zucker in ein hochwandiges Rührgefäß geben und mit dem Handrührgerät kurz verrühren, bis sich der Zucker aufgelöst hat.
- Das Johannisbrotkernmehl unter weiterem Rühren auf höchster Stufe des Handrührgerätes einrieseln lassen. So lange weiterrühren, bis die Kokosmilch eindickt.

Zubereitungszeit: *5 Minuten*

Tipp

Bitte achten Sie darauf, dass Sie Kokosmilch mit einem hohen Anteil (von mindestens 60 Prozent) Kokosnuss auswählen.
Die Kokossahne kann sofort verwendet oder bis zu 2 Tage in einem verschließbaren Gefäß im Kühlschrank aufbewahrt werden. Sie wird so »stichfest«, dass sie auch durch einen Spritzbeutel gepresst werden kann, um die Eisspezialitäten mit hübschen Sahnetupfen oder Sahnekringeln zu verzieren.

French Toast (Arme Ritter)

Schmecken nicht nur Franzosen oder Rittern

5 EL blanchierte und gemahlene Mandeln
1 EL Dinkelmehl (Type 630)
1 TL gemahlener Zimt
1 TL Hefeflocken
2 MSP geriebene Muskatnuss
1 MSP feines Meersalz
300 ml Mandelmilch
2 – 3 EL Ahornsirup
8 Scheiben von einem großen (500 g) Baguette
Rapsöl zum Braten

- Die Mandeln, das Mehl, den Zimt, die Hefeflocken, Muskatnuss und das Salz in einer flachen Schüssel verrühren.
- Die Mandelmilch in kleinen Portionen hinzufügen und alles zu einem glatten, flüssigen Teig verrühren.
- Den Ahornsirup unterrühren.
- Die Baguettescheiben von beiden Seiten in den Teig tauchen, damit sie etwas von der Flüssigkeit aufnehmen.
- Etwas Öl in einer beschichteten Pfanne erhitzen und die Baguettescheiben darin von beiden Seiten schön goldbraun ausbacken.

Zubereitungszeit: *20 Minuten*

Tipp

Durch die gemahlenen Mandeln und die Mandelmilch erhalten die French Toast ein besonders feines Mandelaroma. Falls Sie keine Mandelmilch im Haus haben sollten, ist das jedoch kein Problem. Der Teig für die French Toast lässt sich auch mit jeder anderen Pflanzenmilch zubereiten. Die knusprigen French Toast schmecken besonders gut zu Mandeleis (siehe Seite 46), Mocha-Paranuss-Eis (siehe Seite 49), Vanilleis (siehe Seite 54), Aprikosen-Joghurt-Eis mit Mandeln (siehe Seite 57), zu dem zitronigen Erdbeer-Joghurt-Eis (siehe Seite 69), aber auch mit oder ohne Vanilleis zu dem mediterranen Aprikosenkompott (siehe Seite 162) oder den heißen Himbeeren (siehe Seite 158). Etwas Cashewsahne (siehe Seite 155) oder Kokossahne (siehe Seite 156) rundet den Geschmack ab.

Heiße Himbeeren

Auf Vanilleeis zum Dahinschmelzen gut

4 EL Roh-Rohrzucker
2 TL Speisestärke
200 ml Kirschsaft, Granatapfelsaft oder roter Traubensaft
2 Spritzer Zitronensaft
300 g Himbeeren (frisch oder tiefgekühlt und leicht angetaut)

- Den Zucker und die Stärke verrühren.
- Die Hälfte des Safts hinzufügen und die Zuckermischung damit glatt rühren.
- Die angerührte Zuckermischung und den verbliebenen Saft in einen kleinen Topf geben. Unter Rühren zum Kochen bringen. Den Saft 1 – 2 Minuten kochen, bis die Flüssigkeit eindickt. Die Herdplatte ausschalten.
- Den Zitronensaft einrühren.
- Die Himbeeren hinzufügen und 2 – 3 Minuten ziehen lassen. Dabei möglichst wenig rühren.
- Die noch heißen Himbeeren zum Beispiel zu Vanilleeis (siehe Seite 54, 55 und 60) oder Bananen-Limetten-Eis (siehe Seite 40) servieren.

Zubereitungszeit: *10 Minuten*

Tipp

Die Himbeeren schmecken auch abgekühlt sehr lecker!

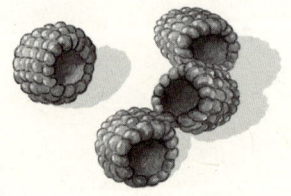

Kaffee-Walnuss-Krokant

Knackiger Kaffeegenuss

15 g Kaffeebohnen
60 g Walnusskerne
100 g heller Roh-Rohrzucker
¹/₂ TL gemahlener Kardamom
1 TL Margarine

- Die Kaffeebohnen und Walnusskerne mittelfein hacken.
- Den Zucker mit dem Kardamom und der Margarine in eine Pfanne geben und unter Rühren zum Schmelzen bringen.
- Sobald der Zucker anfängt braun zu werden und zu karamellisieren, die Walnusskerne und Kaffeebohnen unterrühren.
- So lange rühren, bis die Walnusskerne und Kaffeebohnen von allen Seiten gut mit Karamell überzogen sind.
- Die noch heiße Krokantmasse auf ein Blatt Backpapier gießen.
- Ein zweites Blatt Backpapier darüberlegen und die Krokantmasse mit einem Nudelholz zwei bis drei Millimeter dünn ausrollen.
- Das obere Blatt Backpapier abziehen und die Krokantmasse abkühlen lassen.
- Die Krokantmasse in Stücke brechen und in eine stabile Gefriertüte geben. Die Gefriertüte gut mit einer Klemme verschließen und den Krokant mithilfe eines Nudelholzes zerkrümeln.
- In einem verschließbaren Glas hält sich der Kaffee-Walnuss-Krokant im Kühlschrank etwa 3 Wochen.

Zubereitungszeit: *15 Minuten (ohne die Abkühlzeit)*

Tipp

Der knackig würzige Kaffeekrokant schmeckt herrlich zu vielen Eisspezialitäten, die mit Vanille, Schokolade oder Kakaopulver oder Nüssen und Kernen aromatisiert werden.
Falls Sie keinen Kaffee verwenden möchten, können Sie stattdessen zusätzliche 15 Gramm mittelfein gehackte Walnüsse dazugeben.

Karamellsauce

Meine Lieblingssauce aus Kindertagen

für etwa 400 ml Karamellsauce

225 g heller Roh-Rohrzucker
60 ml Wasser
1 MSP feines Meersalz (am besten hochwertiges Fleur de Sel)
60 g Margarine
180 ml Sojasahne

- Den Zucker mit dem Wasser und Salz in einen Topf geben und bei hoher Temperatur unter ständigem Rühren zum Kochen bringen. Danach die Temperatur sofort auf knapp mittlere Temperatur reduzieren.
- Einen Backpinsel in kaltes Wasser tauchen. Die Topfinnenseite oberhalb der kochenden Zuckermasse zügig in einem etwa zwei Zentimeter breiten Streifen mit dem nassen Pinsel ausstreichen. (So verhindern Sie, dass die Zuckermasse hochkocht und am Topfrand kleben bleibt.)
- Die Zuckermasse ohne weiter zu rühren karamellisieren lassen. Falls der Topfboden nicht ganz eben ist und der Zucker nicht gleichmäßig erhitzt wird, den Topf kurz vom Herd nehmen und leicht schwenken.
- Beim Karamellisieren nicht die Geduld verlieren und auf keinen Fall die Temperatur erhöhen! Das Karamellisieren kann 10 Minuten dauern.
- Das Karamell ist fertig, wenn es goldbraun glänzend ist. Wenn man das Karamell zu lange kocht (dabei kann es sich zum Ende des Karamellisierungsprozesses mitunter nur um ein paar Sekunden handeln), wird es dunkelbraun, bitter und damit ungenießbar!
- Den Topf vom Herd nehmen und die Margarine unterrühren. So lange rühren, bis sie geschmolzen ist.
- Die Sojasahne hinzufügen und gründlich mit dem Karamell vermischen.
- Die Karamellsauce in ein verschließbares Glas umfüllen und abkühlen lassen. Im Kühlschrank hält sie sich 1 Woche.

Zubereitungszeit: *20 Minuten*

Tipp

Je heller der verwendete Roh-Rohrzucker ist, desto besser können Sie erkennen, wann der Zucker perfekt karamellisiert ist.

Mandelkrokant

Köstlich knackig karamellisierte Mandeln

100 g Mandelstifte
125 g heller Roh-Rohrzucker
2 ¹/₂ EL Margarine
2 EL Wasser

- Die Mandelstifte in der trockenen Pfanne kurz anrösten, bis sie duften. Danach die Mandelstifte aus der Pfanne nehmen. Die Mandeln und die Pfanne abkühlen lassen.
- Den Zucker und die Margarine in die Pfanne geben und unter Rühren erhitzen, bis der Zucker zu schmelzen beginnt.
- Das Wasser hinzufügen und die Zuckerlösung so lange unter weiterem Rühren erhitzen, bis die Zuckerlösung etwas eindickt, der Zucker braun wird und karamellisiert.
- Die Mandelstifte hinzufügen und gründlich mit dem Karamell vermischen.
- Den Mandelkrokant auf ein Stück Backpapier geben und mit einem Spatel oder der Rückseite eines Esslöffels vorsichtig glatt streichen.
- Danach den Krokant auskühlen lassen.
- Den Mandelkrokant zum Beispiel mit einem stumpfen Messer in kleine Stücke zerbrechen, in ein verschließbares Glas umfüllen und im Kühlschrank aufbewahren. Dort hält er sich etwa 3 Wochen.

Zubereitungszeit: 15 Minuten (ohne die Abkühlzeiten)

Tipp

Leckeres Vanilleeis (siehe Seite 54, 55 und 60) mit reichlich Karamellsauce (siehe Seite 160) überträufelt und knackigem Mandelkrokant überstreut – das ist eine himmlische Kombination, von der ich persönlich gar nicht genug bekommen kann.

Mandelkrokant schmeckt jedoch zu fast allen Cremeeis- und Sojajoghurteissorten. Probieren Sie einfach aus, was Ihnen am besten schmeckt!

Mediterranes Aprikosenkompott

Weckt Erinnerungen an den Sommerurlaub im Süden

5 EL Roh-Rohrzucker
2 EL frisch gepresster Zitronensaft
2 EL mildes Olivenöl
500 g entsteinte Aprikosen
2 MSP fein gemahlene Bourbonvanille
1 kleiner Zweig Rosmarin
5 Zweige Thymian

- Den Zucker, Zitronensaft und das Öl in eine Pfanne geben. So lange unter ständigem Rühren erhitzen, bis der Zucker anfängt zu karamellisieren.
- Die mittelfein gewürfelten Aprikosen sowie das Vanillepulver dazugeben und gut mit der Karamellmasse vermischen.
- Die zu einem Sträußchen zusammengebundenen Kräuter hinzufügen und die Aprikosen unter gelegentlichem Wenden so lange schmoren, bis sie weich sind.
- Die Kräuter entfernen und die Aprikosen noch heiß oder auch abgekühlt servieren.

Zubereitungszeit: *15 Minuten*

Tipp

Das aromatische Aprikosenkompott schmeckt besonders lecker zu French Toast (siehe Seite 157) und Vanilleeis (siehe Seite 54), zu dem Bananen-Limetten-Eis (siehe Seite 40) und als Beilage zu den Pancakes von Seite 164.

Schottische Ingwerplätzchen

Hier wird nicht mit Geschmack gegeizt

für etwa 30 Ingwerplätzchen

300 g Dinkelmehl (Type 630)
125 g Roh-Rohrzucker
1 TL Bourbonvanillezucker
1 MSP feines Meersalz
1 TL Weinsteinbackpulver
1 TL Backnatron
3 – 4 MSP fein abgeriebene Orangenschale
15 g geschälter Ingwer
150 g geschmolzene Margarine
etwa 4 EL Sojadrink

- Das Mehl mit dem Zucker, Vanillezucker, Salz, Backpulver, Backnatron und der Orangenschale vermischen.
- Den Ingwer fein reiben und zur Mehlmischung geben.
- Die Margarine und den Sojadrink hinzufügen und alles zu einem glatten Teig verkneten.
- Zwei Backbleche mit Backpapier auslegen.
- Mit einem Teelöffel Teig abstechen und zwischen den Handflächen zu kleinen Kugeln ausformen. Pro Plätzchen einen gehäuften Teelöffel verwenden.
- Die Teigkügelchen mit etwas Abstand auf die Backbleche setzen und mit den Zinken einer Gabel abflachen.
- Die Ingwerplätzchen im Backofen bei 180 °C etwa 10 Minuten backen, bis sie leicht gebräunt sind.

Zubereitungszeit: 25 Minuten

Tipp ....

Diese würzigen Plätzchen werden in Schottland traditionell sehr süß gegessen. Wenn Sie möchten, können Sie die Zuckermenge (wie ich es zu Hause auch mache) auf 100 Gramm reduzieren. Besonders gut schmecken die Ingwerplätzchen zu Rhabarbersorbet (siehe Seite 142) und Birnen-Joghurt-Eis mit Cranberrys (siehe Seite 58). Sie können jedoch auch dazu verwendet werden, die lecker fruchtigen Johannisbeer-Eistörtchen von Seite 104 zuzubereiten.

Pancakes

Kleine Pfannkuchen auf amerikanische Art

für 8 Pancakes

150 g Weizenmehl (Type 1050)
5 EL kernige Haferflocken
3 EL Roh-Rohrzucker
1 MSP feines Meersalz
1 TL Weinsteinbackpulver
3 MSP Backnatron
1/2 TL gemahlener Zimt
2 EL Rapsöl
200 ml Sojadrink
1 TL Apfelessig
Rapsöl zum Braten
2 – 3 EL fein gesiebter Roh-Rohrpuderzucker

- Das Mehl mit den Haferflocken, dem Zucker, Salz, Backpulver, Backnatron und Zimt in einer Schüssel vermischen. Das Öl hinzufügen.
- Den Sojadrink in kleinen Portionen hinzufügen und alles zu einem glatten Teig verrühren.
- Den Teig abgedeckt bei Raumtemperatur etwa 15 Minuten ruhen lassen.
- Dann den Essig hinzufügen und den Teig nochmals kurz durchrühren.
- Etwas Öl in einer (beschichteten) Pfanne erhitzen und acht Pancakes darin ausbacken.
- Die Pancakes vor dem Servieren mit dem Puderzucker überstäuben.

Zubereitungszeit: *15 Minuten (ohne die Ruhezeit des Teiges)*

Tipp

Die Pancakes schmecken lecker zu vielen Sorten Cremeeis und Soja-joghurteis. Sie können allerdings auch ohne Eis zum Beispiel mit dem mediterranen Aprikosenkompott von Seite 162, der Kirsch-Cranberry-Sauce von Seite 168, den Zimtpflaumen von Seite 169, der warmen Schokosauce von Seite 166 oder den heißen Himbeeren von Seite 158 serviert werden.

Schokocookies

Amerikanische Kekse mit Schokolade satt

für etwa 23 Schokocookies

100 ml Rapsöl
150 g Roh-Rohrzucker
100 ml Wasser
275 g Weizenmehl (Type 1050)
1 MSP feines Meersalz
2 TL Weinsteinbackpulver
2 EL ungesüßtes Kakaopulver
¹/₂ TL gemahlener Zimt
¹/₂ Vanilleschote
150 g Zartbitterschokolade

- Das Öl mit dem Zucker verrühren.
- Das Wasser hinzufügen und alles nochmals gründlich verrühren.
- Das Mehl mit dem Salz, Backpulver, Kakaopulver sowie dem Zimt und ausgekratzten Mark der Vanilleschote vermischen.
- Die Zartbitterschokolade mittelfein hacken und zum Mehlgemisch geben.
- In der Mitte des Mehlgemisches eine Mulde ausformen und die Wasser-Öl-Zucker-Lösung hinzufügen. Alles schnell zu einem glatten Teig verrühren.
- Zwei Backbleche mit Backpapier auslegen.
- Mit einem Esslöffel Teig abstechen (pro Cookie einen leicht gehäuften Esslöffel verwenden) und den Teig zwischen den Handflächen zu Kugeln ausformen. Die Kugeln etwas abflachen und mit ein wenig Abstand auf die Backbleche legen.
- Die Schokocookies im Backofen bei 180 °C etwa 12 Minuten backen.
- Sie werden beim Abkühlen noch etwas fester.

Zubereitungszeit: *25 Minuten*

Tipp ....

> *Die Schokocookies passen, wenn sie ein wenig zerkrümelt über das Eis gestreut werden, wunderbar zu verschiedenen Eissorten wie Vanille- oder Mandeleis und Parfaits. Besonders hübsch sieht es aus, wenn Sie auf einen Cookie eine kleine Kugel Eis setzen und das Ganze mit Krokant bestreuen oder drei Esslöffel heiße Himbeeren darübergeben.*

Schokosauce

Mit Vanilleeis ein Traum!

100 g Zartbitterschokolade
1 MSP feines Meersalz
2 ½ EL natives Kokosöl
5 EL Agavendicksaft
2 MSP gemahlene Bourbonvanille

- Die Schokolade grob hacken und mit dem Salz und Kokosöl vorsichtig im Wasserbad erhitzen, bis die Schokolade und das Kokosöl geschmolzen sind.
- Den Agavendicksaft und die Vanille unterrühren und die Sauce noch warm oder auch abgekühlt servieren.
- Reste der Sauce halten sich in einem verschließbaren Glas im Kühlschrank etwa 3 Tage.

Zubereitungszeit: *10 Minuten*

Schokosirup

Ist so lecker, dass er auch pur auf dem Löffel landet

für knapp 400 ml Schokosirup

175 g Roh-Rohrzucker
1 Päckchen Bourbonvanillezucker
1 MSP feines Meersalz
275 ml Wasser
100 g ungesüßtes Kakaopulver

- Den Zucker, Vanillezucker und das Salz mit 50 Milliliter vom Wasser in einen Topf geben. Unter ständigem Rühren zum Kochen bringen und kurz so lange kochen, bis die Zuckerlösung anfängt, einzudicken und zu karamellisieren.
- Das verbliebene Wasser hinzufügen und die Zuckerlösung glatt rühren.
- Das Kakaopulver in kleinen Portionen (am besten mit einem Schneebesen) unterrühren.
- Den Schokosirup zum Kochen bringen und unter Rühren etwa 5 Minuten köcheln lassen.
- Den Schokosirup in ein verschließbares Glas umfüllen und auf Raumtemperatur abkühlen lassen.
- Nach dem Abkühlen im Kühlschrank aufbewahren, wo der Schokosirup sich gut 1 Woche hält.

Zubereitungszeit: 10 Minuten

Tipp

Schön portionieren lässt sich der Schokosirup, wenn Sie ihn zum Beispiel in eine gut ausgespülte leere und zusammenpressbare Agavendicksaftflasche füllen.

Würzige Kirsch-Cranberry-Sauce

Schmeckt auch, aber nicht nur zur Weihnachtszeit

300 ml Kirschsaft oder roter Traubensaft
1 ½ EL Speisestärke
350 g entsteinte Sauerkirschen
 (frisch oder tiefgekühlt und aufgetaut oder aus dem Glas)
5 – 6 EL Roh-Rohrzucker
Saft einer halben Zitrone
2 – 3 MSP fein abgeriebene Zitronenschale
2 Stück Sternanis
2 Gewürznelken
1 Zimtstange
5 EL getrocknete Cranberrys

- Vom Kirschsaft oder Traubensaft fünf Esslöffel abnehmen und mit der Speisestärke glatt rühren.
- Die Sauerkirschen mit dem verbliebenen Kirsch- oder Traubensaft, Zucker, Zitronensaft und der Zitronenschale in einen Topf geben.
- Den Sternanis und die Gewürznelken in ein Gewürzsieb oder ein großes Teesieb geben und mit der Zimtstange zur Kirschzubereitung geben.
- Alles unter gelegentlichem Rühren zum Kochen bringen. Kurz kochen lassen, bis die Kirschen weich sind.
- Die angerührte Speisestärke hinzufügen. So lange unter Rühren kochen, bis die Kirschzubereitung eindickt.
- Die Cranberrys unterrühren und die Sauce auf Raumtemperatur abkühlen lassen.
- Danach die Zimtstange, Gewürznelken und den Sternanis entfernen und die Kirsch-Cranberry-Sauce vor dem Servieren im Kühlschrank gut durchkühlen lassen.
- Reste der Sauce halten sich in einem verschließbaren Glas im Kühlschrank 3 – 4 Tage.

Zubereitungszeit: 15 Minuten (ohne die Abkühlzeit)

Tipp

Diese aromatische Sauce harmoniert wunderbar mit Eis, kann jedoch auch zu den Bananen-Zimt-Waffeln (siehe Seite 150), French Toast (siehe Seite 157) und Pancakes (siehe Seite 164) serviert werden.

Zimtpflaumen

Heiß und kalt ein Genuss

5 EL Roh-Rohrzucker
2 EL frisch gepresster Zitronensaft
600 g entsteinte Pflaumen
  (frisch oder tiefgekühlt und aufgetaut oder aus dem Glas)
1 Zimtstange
1 TL Bourbonvanillezucker
150 ml trockener Rotwein
  ersatzweise ungesüßter roter Traubensaft mit 1 ½ EL rotem Balsamessig
2 TL Speisestärke

- Den Zucker und Zitronensaft in einen Topf geben. So lange unter ständigem Rühren erhitzen, bis der Zucker anfängt zu karamellisieren.
- Die mundgerecht zerkleinerten frischen oder aufgetauten Pflaumen, die Zimtstange und den Vanillezucker hinzufügen und alles unter gelegentlichem Rühren so lange köcheln, bis die Pflaumen weich sind. (Wenn Pflaumen aus dem Glas verwendet werden, reicht es aus, alles einmal kurz aufzukochen.)
- Vom Rotwein fünf Esslöffel abnehmen und mit der Speisestärke glatt rühren.
- Die angerührte Speisestärke und den Rotwein zu den Pflaumen in den Topf geben.
- Alles unter Rühren nochmals kurz zum Kochen bringen und so lange kochen, bis die Pflaumenzubereitung etwas eindickt.
- Die Zimtstange entfernen und die Zimtpflaumen entweder heiß oder auch abgekühlt servieren.

Zubereitungszeit: *15 Minuten*

Tipp

Die Zimtpflaumen schmecken besonders gut zur Weihnachtszeit, wo sie zum Beispiel cremiges Vanilleeis (siehe Seite 54), würziges Ahornsirup-Walnuss-Eis (siehe Seite 37) sowie Lebkuchenparfait (siehe Seite 76) und Spekulatiusparfait (siehe Seite 80) verfeinern können.

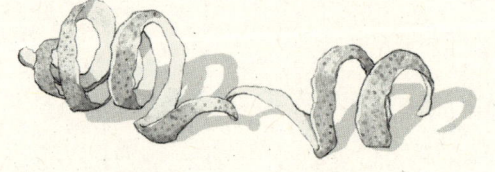

Die Autorin

Heike Kügler-Anger arbeitete lange als Englischdozentin in der Erwachsenenbildung. 2006 tauschte sie die Lehrbücher gegen den Kochlöffel ein und hat seitdem zahlreiche Kochbücher zur vegetarischen und veganen Küche veröffentlicht.

Außerdem schreibt sie redaktionelle Texte zu den Themen Kochen, Ernährung und Gesundheit, ist als Referentin im Bereich Ernährung und Gesundheit tätig und erteilt Kochkurse. Ihr Lebensmittelpunkt ist seit 15 Jahren der Odenwald, wo sie mit ihrem besten Testesser (ihrem Ehemann) sowie mit mehreren adoptierten Hunden und Katern in einem kleinen Dorf heimisch geworden ist.

Weitere Informationen zur Autorin finden Sie auf ihrer Internetseite **www.hkanger.de** sowie auf ihrem Blog **www.regenbogenkombuese.de.**

Von Heike Kügler-Anger sind im pala-verlag bereits erschienen:
* Vegetarisch kochen – französisch
* Milchfrei und schnell gekocht
* Käse veganese
* Cucina vegana
* Vegetarisches fürs Fest
* Vegan unterwegs
* Frisch aufgegabelt – Nudeln vegan
* Vegetarisches aus der Klosterküche
* Veganes fürs Fest
* Vegan grillen
* Vive la Provence!
* Vegane Brotaufstriche
* Vegane Rohköstlichkeiten aus dem Mixer

Rezeptregister

Rezeptverzeichnis alphabetisch

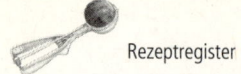
Rezeptverzeichnis nach Kapiteln

Vegan genießen

Heike Kügler-Anger:
Vegan grillen
ISBN: 978-3-89566-302-4

Irmela Erckenbrecht:
Vegane Menüs
ISBN: 978-3-89566-328-4

Angelika Eckstein:
Vegan backen
ISBN: 978-3-89566-239-3

Ingrid und Alexander Neukert:
Einfach mal vegan
ISBN: 978-3-89566-305-5

Heike Kügler-Anger:
Cucina vegana
ISBN: 978-3-89566-247-8

Abla Maalouf-Tamer:
**Vegane Köstlichkeiten –
libanesisch**
ISBN: 978-3-89566-284-3

Angelika Krüger:
**Vegane Köstlichkeiten –
international**
ISBN: 978-3-89566-329-1

Alexander Nabben:
Tofu vegan
ISBN: 978-3-89566-283-6

Gesamtverzeichnis bei:
pala-verlag, Rheinstraße 35, 64283 Darmstadt, www.pala-verlag.de

ISBN: 978-3-89566-333-8
© 2014: pala-verlag,
Rheinstraße 35, 64283 Darmstadt
www.pala-verlag.de

Umschlag- und Innenillustrationen: Karin Bauer
www.karin-bauer.com

Lektorat: Barbara Reis

Satz und Gestaltung: Verlag Die Werkstatt, Göttingen
www.werkstatt-verlag.de

Druck und Bindung: fgb • freiburger graphische betriebe
www.fgb.de
Printed in Germany

Dieses Buch ist auf Papier aus
100 % Recyclingmaterial gedruckt
und klimaneutral produziert.

Id-Nr. 1435903
www.bvdm-online.de